SPANISH
BALLADS

SPANISH BALLADS

CHOSEN BY

G. LE STRANGE

CAMBRIDGE

AT THE UNIVERSITY PRESS

1949

CAMBRIDGE UNIVERSITY PRESS
Cambridge, New York, Melbourne, Madrid, Cape Town,
Singapore, São Paulo, Delhi, Mexico City

Cambridge University Press
The Edinburgh Building, Cambridge CB2 8RU, UK

Published in the United States of America by Cambridge University Press, New York

www.cambridge.org
Information on this title: www.cambridge.org/9781107660120

First published 1920
Reprinted 1949
First paperback edition 2013

A catalogue record for this publication is available from the British Library

ISBN 978-1-107-66012-0 Paperback

PREFACE

PROFESSOR FITZMAURICE-KELLY in his *Chapters on Spanish Literature* has devoted the fourth of these lectures to the *Romancero*. Taking Lockhart's *Ancient Spanish Ballads* as a basis for his discourse, he gives references to the originals of the fifty-three ballads which Lockhart translated, commenting on these and some thirty others which Lockhart did not deal with. It had occurred to me that a useful compilation might be made by gathering together in Spanish all the ballads of Lockhart's series, and accordingly I wrote to Professor Fitzmaurice-Kelly to enquire whether, following on his Lecture aforesaid, he had not an intention of doing this. In reply he told me that his time was already taken up with other projects, adding that the matter might profitably be undertaken; and he has generously helped me with many references. When, however, I had more carefully read through the Spanish originals to which reference notes are given in the Lecture, I came to the conclusion that many of Lockhart's ballads, whatever might be their grace in English garb, were not worth re-printing in the Spanish, and therefore I decided to alter my plan, and with Professor Fitzmaurice-Kelly as a guide, to give the best of the ballads in the two chief collections published since Lockhart's time. Lockhart's translations are a good help to beginners who, when learning Spanish, take up the ballads for the first time: though I must confess in regard to their literary merit, compared with the Spanish, I fail to agree with Lord Macaulay, who wrote in his Diary, February 19th,

1850: "I looked at some Spanish ballads and was struck by the superiority of Lockhart's version to the originals." Still to my mind, though these versions cannot take rank with FitzGerald's *Omar Khayyam* (and in each case the translation is a paraphrase), yet none the less they serve their purpose. Better than Lockhart's are the spirited renderings of the Cid ballads, with others, by the late J. Y. Gibson, to which, and to the translations of Sir John Bowring, Ticknor, and others, reference will be found in the Notes.

The critical examination of the *romances*, begun by Milá y Fontanals, was carried through by Menéndez y Pelayo, and to his *Tratado de los Romances Viejos* (with the notes to the second and third volumes of the amplified edition of the *Primavera y Flor de Romances*) I am indebted on every page: and as these admirable volumes unfortunately are not indexed a reference, in my Notes to the ballads, is given for the information of students. As far as my reading of *Don Quixote* has carried me, I have called attention to the passages where the good Knight of La Mancha and his proverb-loving Squire have quoted the ballads, for both he and Sancho, it is evident, had most of them by heart. As the book is intended for English readers I have, in the interests of clearness, departed from the Spanish usage in the matter of quotation marks, and have added inverted commas at the beginning and end of speeches. To a Spaniard all may be quite clear as indicated by the 'bar,' but this being also used to mark the hemistich, without inverted commas it is easy to mistake the speakers. Also I have put in the accents, omitted of course in the texts from which the ballads are copied, this in accordance with the rules laid down in the last edition (1917) of the Grammar issued by the Academy. I have divided the ballads chosen into four somewhat unequal groups. The first group is of Miscellaneous Ballads, among which will be found some of the finest to be met with in any language. All needful comment on these has been relegated to the Notes. The two next groups are of the Historical Ballads—Christian and Moorish. To make the subject-matter of the ballad clear, a short historical argument is in most cases prefixed: and in the Notes references are given to authorities. The last group is of Moorish Ballads, not strictly historical, and here again all that is needed of comment is confined to the Notes.

My very grateful thanks are due to Miss R. K. Weekes, without whose aid, in the defective state of my eyesight, I could not possibly have carried through the work. Her help in choosing the ballads, and care in correcting the proofs, lay me under great obligations, and her friendly interest in the little book has been stimulating. Lastly, though his name scarcely appears in the following pages, I would have it clearly understood how much the work owes to Professor Fitz-maurice-Kelly, whose letters to me have been an abundant source of information; all that I know indeed of Spanish is due to the interest awakened by the reading of *Chapters on Spanish Literature*, and to his *History of Spanish Literature*, of which the recent Spanish edition is a greatly enlarged translation.

G. LE S.

25 June, 1920

CONTENTS

CONTENTS

INTRODUCTION

Spain is rich in ballads, and they are an interesting popular commentary on the history of the eight centuries of Moslem domination, or intrusion (for in this light the Spaniards ever regarded it), dating from the death of Don Roderic in 711 to the exile of Boabdil el Chico in 1492.

Ballads in Spanish are called *romances*, and the collection of them a *romancero*. Augustín Durán in his *Romancero General* (the third edition was published in 1877, 1882) edited 1901 ballads; from among these Wolf and Hofmann selected 198 of the best, collating them on older texts, and this forms the *Primavera y Flor de Romances* published in 1856 (2 vols., Berlin); of this work a second amplified edition, with at least as many new ballads drawn from various sources added, was brought out in three volumes (Madrid, 1913) by Menéndez y Pelayo.

The normal *romance* is written in long lines of sixteen syllables, divided into two hemistiches of eight syllables. In some ballads, however, we have short lines of six syllables in the hemistich, and therefore twelve to the full line. Rhyme is rarely used, and assonance takes its place: the assonance falling on the close of the long line, that is to say every second hemistich is assonanted. Assonance, which was used in French verse down to the 12th century and of which the *Chanson de Roland* is the most famous example, unlike rhyme, takes no heed of the consonants of the terminal syllables, and is a matter of the vowels only. The vowel on which the stress or accent falls in the termination of the line, with or without an unstressed syllable following (which is neglected), in assonance is all that counts: and diphthongs count as single syllables, the second vowel only being stressed. Thus the following are held to be in assonance: *yo* and *hombres*, *mejor* and *metió*, *cristianos* and *hablando*, *sentía* and *sillas*, *cambio* and *Conde Alarcos*, *han* and *dar*; also *ciudad* and *sangre*, *madre* and *pelear*, *Ordóñez* and *Carrión*. The same assonance is as a rule used throughout the ballad, but in some of the older *romances* the assonance will be found to change more than once, and the effect is often very striking. (A good instance of this is found in Ballad 92, see page 101.)

In the thirty-third chapter of the Second Part of *Don Quixote*, Sancho Panza conversing with the Duchess and her Duenna Doña Rodríguez gives it as his opinion that in matters of history '*las trobas de los romances antiguos no mientan.*' Authoritative history which is supposed to be authentic often differs from the views recorded in the ballads, which naturally represent the partisan views of the time when they were composed: but as to the age of the *romances viejos* this needs definition. On good authority it is understood that (with perhaps a single exception) no extant Spanish ballad can lay claim to an earlier date for its composition than the year 1400, also but few are of the 15th, most being of the 16th and 17th centuries. Derived from oral tradition and from the earlier broadsides (*pliegos sueltos*), the primitive ballads of the people were printed by Martín Nucio at Antwerp, probably in 1550, in the edition known as the *sin año* (as it has no printed date), and this little volume has been republished in *facsimile* by Señor R. Menéndez Pidal (Madrid, 1914). The popularity of these primitive ballads led immediately to their imitation by Sepúlveda and others; artistic and erudite ballads followed apace, and fill the

volume of the *Romancero General*, brought out by Luis
Sánchez in Madrid in 1600, which has been republished
in *facsimile* by Mr Archer M. Huntington (New York,
1904).

For the origin and development of the Spanish
romances the reader may be referred to the Lectures
delivered in New York by Don Ramón Menéndez
Pidal and printed under the title of *El Romancero
Español* (The Hispanic Society of America, 1910). It
is now generally agreed that the primitive ballads
(*romances viejos*) are almost always the fragments—all
that remains in many cases—of the long *Cantares de
Gesta* of the *juglares* of the 12th and 13th centuries,
who worked on the lines suggested by the *Chansons
de Geste* of the French *jongleurs*. Of these old *cantares*
three, in a fragmentary state, have, by good fortune,
been preserved to us, namely: in detached fragments,
the *Leyenda de los Infantes de Lara*: in one long
fragment, the *Poema del Cid*: and, in certain select
portions, the *Crónica Rimada*, otherwise called the
Cantar de Rodrigo, a chronicle of events in Spain from
the death of Pelayo to Ferdinand the Great (737 to
1033); and from this last come most of the ballads of
the Cid now known to us.

MISCELLANEOUS BALLADS

ROMANCE DEL CONDE ARNALDOS

I

¡Quién hubiese tal ventura — sobre las aguas de mar,
como hubo el Conde Arnaldos — la mañana de San Juan!
Con un falcón en la mano — la caza iba cazar,
vió venir una galera — que a tierra quiere llegar.
Las velas traía de seda, — la ejercia de un cendal,
marinero que la manda — diciendo viene un cantar
que la mar facía en calma, — los vientos hace amainar,
los peces que andan en el hondo — arriba los hace andar,
las aves que andan volando — en el mástel las face posar.
Allí fabló el Conde Arnaldos, — bien oiréis lo que dirá:
"Por Dios te ruego, marinero, — dígasme ora ese cantar."
Respondióle el marinero, — tal respuesta le fué a dar:
"Yo no digo esta canción — sino a quien conmigo va."

EL PRISIONERO

2

"Por el mes era de mayo — cuando hace la calor,
cuando canta la calandria — y responde el ruiseñor,
cuando los enamorados — van a servir al amor,
sino yo triste, cuidado, — que vivo en esta prisión,
que ni sé cuando es de día, — ni cuando las noches son,
sino por una avecilla — que me cantaba al albor:
matómela un ballestero; — ¡déle Dios mal galardón!
Cabellos de mi cabeza — lléganme al corvejón;
los cabellos de mi barba — por manteles tengo yo:
las uñas de las mis manos — por cuchillo tajador.
Si lo hacía el buen rey, — hácelo como señor;
si lo hace el carcelero, — hácelo como traidor.
Mas quién ahora me diese — un pájaro hablador,

siquiera fuese calandria, — o tordico o ruiseñor:
criado fuese entre damas — y avezado a la razón,
que me lleve una embajada — a mi esposa Leonor,
que me envíe una empanada, — no de trucha ni salmón,
sino de una lima sorda — y de un pico tajador:
la lima para los hierros — y el pico para la torre."
Oídolo había el rey, — mandóle quitar la prisión.

LA BUENA HIJA

3

Paseábase el buen conde — todo lleno de pesar,
cuentas negras en sus manos — do suele siempre rezar;
palabras tristes diciendo, — palabras para llorar:
"Véoos, hija, crecida, — y en edad para casar;
el mayor dolor que siento — es no tener que os dar."
"Calledes, padre, calledes, — no debéis tener pesar,
que quien buena hija tiene — rico se debe llamar,
y el que mala la tenía, — viva la puede enterrar,
pues amengua su linaje — que no debiera amenguar,
y yo, si no me casare, — en religión puedo entrar."

ROMANCE DE FONTE-FRIDA

4

Fonte-frida, fonte-frida, — fonte-frida y con amor,
do todas las avecicas — van tomar consolación,
sino es la tortolica — que está viuda y con dolor.
Por allí fuera a pasar — el traidor de ruiseñor:
las palabras que le dice — llenas son de traición:
"Si tú quisieses, señora, — yo sería tu servidor."
"Vete de ahí, enemigo, — malo, falso, engañador,
que ni poso en ramo verde, — ni en prado que tenga flor;
que si el agua hallo clara, — turbia la bebía yo;
que no quiero haber marido, — porque hijos no haya, no:
no quiero placer con ellos, — ni menos consolación.
¡Déjame, triste enemigo, — malo, falso, mal traidor,
que no quiero ser tu amiga — ni casar contigo, no!"

ROMANCE DE ROSA FRESCA

5

"Rosa fresca, rosa fresca, — tan garrida y con amor,
cuando vos tuve en mis brazos, — no vos supe servir, no;
y agora que os serviría — no vos puedo haber, no."
"Vuestra fué la culpa, amigo, — vuestra fué, que mía no;
enviástesme una carta — con un vuestro servidor,
y en lugar de recaudar — él dijera otra razón:
que érades casado, amigo, — allá en tierras de León;
que tenéis mujer hermosa — y hijos como una flor."
"Quien os lo dijo, señora, — no vos dijo verdad, no;
que yo nunca entré en Castilla — ni allá en tierras de León,
sino cuando era pequeño, — que no sabía de amor."

LA CONSTANCIA

6

Mis arreos son las armas, — mi descanso es pelear,
mi cama las duras peñas, — mi dormir siempre velar.
Las manidas son escuras, — los caminos por usar,
el cielo con sus mudanzas — ha por bien de me dañar,
andando de sierra en sierra — por orillas de la mar,
por probar si mi ventura — hay lugar donde avadar.
Pero por vos, mi señora, — todo se ha de comportar.

LA SERRANA DE LA VERA

7

Allá en Garganta la Olla, — en la Vera de Plasencia,
salteóme una serrana, — blanca, rubia, ojimorena.
Trae el cabello trenzado — debajo de una montera,
y porque no la estorbara — muy corta la faldamenta.
Entre los montes andaba — de una en otra ribera,

con una honda en sus manos — y en sus hombros una flecha.
Tomárame por la mano — y me llevara a su cueva:
por el camino que iba — tantas de las cruces viera.
Atrevíme y preguntéle — qué cruces eran aquellas,
y me respondió diciendo — que de hombres que muerto hubiera.
Esto me responde y dice — como entre medio risueña:
"Y así haré de ti, cuitado, — cuando mi voluntad sea."
Dióme yesca y pedernal — para que lumbre encendiera,
y mientras que la encendía — aliña una grande cena.
De perdices y conejos — su pretina saca llena,
y después de haber cenado — me dice: "Cierra la puerta."
Hago como que la cierro, — y la dejé entreabierta:
desnudóse y desnudéme — y me hace acostar con ella.
Cansada de sus deleites — muy bien dormida se queda,
y en sintiéndola dormida — sálgome la puerta afuera.
Los zapatos en la mano — llevo porque no me sienta,
y poco a poco me salgo — y camino a la ligera.
Más de una legua había andado — sin revolver la cabeza,
y cuando mal me pensé — yo la cabeza volviera.
Y en esto la vi venir — bramando como una fiera,
saltando de canto en canto, — brincando de peña en peña:
"Aguarda (me dice), aguarda, — espera, mancebo, espera,
me llevarás una carta — escrita para mi tierra.
Toma, llévala a mi padre, — dirásle que quedo buena."
"Enviadla vos con otro — o sed vos la mensajera."

ROMANCE DE RICO FRANCO

8

A caza iban, a caza — los cazadores del rey,
ni fallaban ellos caza, — ni fallaban que traer.
Perdido habían los halcones, — ¡mal los amenaza el rey!
Arrimáranse a un castillo — que se llamaba Maynes.
Dentro estaba una doncella — muy fermosa y muy cortés;
siete condes la demandan, — y así facían tres reyes.
Robárala Rico Franco, — Rico Franco aragonés:
llorando iba la doncella — de sus ojos tan cortés.

Falágala Rico Franco, — Rico Franco aragonés:
"Si lloras tu padre o madre, — nunca más vos los veréis,
si lloras los tus hermanos, — yo los maté todos tres."
"Ni lloro padre ni madre, — ni hermanos todos tres;
mas lloro la mi ventura — que no sé cuál ha de ser.
Prestédesme, Rico Franco, — vuestro cuchillo lugués,
cortaré fitas al manto, — que no son para traer."
Rico Franco de cortese — por las cachas lo fué tender;
la doncella que era artera — por los pechos se lo fué a meter:
así vengó padre y madre, — y aun hermanos todos tres.

LA APARICIÓN

9

En palacio los soldados — se divierten y hacen fiesta;
uno solo non se ríe, — que está lleno de tristeza.
El Alférez le pregunta: — "Dime, ¿por qué tienes pena?
¿Es por padre, o es por madre, — o es por gente de tu tierra?"
"No es por padre, ni es por madre, — ni es por gente de mi
    tierra:
es por una personita — que tengo ganas de verla."
"Coge un caballo ligero, — monta en él y vete a verla;
Vete por camino real, — non te vayas por la senda."

En la ermita de San Jorge — una sombra obscura vi:
el caballo se paraba, — ella se acercaba a mí.
"¿Adónde va el soldadito — a estas horas por aquí?"
"Voy a ver a la mi esposa, — que ha tiempo que non la vi."
"La tu esposa ya se ha muerto: — su figura vesla aquí."
"Si ella fuera la mi esposa, — ella me abrazara a mí."
"¡Brazos con que te abrazaba, — la desgraciada de mí,
Ya me los comió la tierra: — la figura vesla aquí!"
"Si vos fuerais la mi esposa, — non me miraríais ansí."
"¡Ojos con que te miraba, — la desgraciada de mí,
Ya me los comió la tierra: — su figura vesla aquí!"
"Yo venderé mis caballos, — y diré misas por ti."
"Non vendas los tus caballos, — nin digas misas por mí,
que por tus malos amores — agora peno por ti.

La mujer con quien casares, — non se llama Beatriz;
cuantas más veces la llames, — tantas me llames a mí.
¡Si llegas a tener hijas, — tenlas siempre junto a ti,
non te las engañe nadie — como me engañaste a mí!"

EL PALMERO

10

En los tiempos que me vi — más alegre y placentero,
yo me partiera de Burgos — para ir a Valladolid:
encontré con un Palmero, — quien me habló, y dijo así:
"¿Dónde vas tú, el desdichado? — ¿dónde vas? ¡triste de ti!
¡Oh persona desgraciada — en mal punto te conocí!
Muerta es tu enamorada, — muerta es, que yo la vi;
las andas en que la llevan — de negro las vi cubrir,
los responsos que le dicen — yo los ayudé a decir:
siete condes la lloraban, — caballeros más de mil,
llorábanla sus doncellas, — llorando dicen así:
'¡Triste de aquel caballero — que tal pérdida pierde aquí!'"
Desque aquesto oí, mezquino, — en tierra muerto caí,
y por más de doce horas — no tornara, triste, en mí.
Desque hube retornado — a la sepultura fuí,
con lágrimas de mis ojos — llorando decía así:
"Acógeme, mi señora, — acógeme a par de ti."
Al cabo de la sepultura — esta triste voz oí.
"Vive, vive, enamorado, — vive, pues que yo morí:
Dios te dé ventura en armas, — y en amor otro que sí,
que el cuerpo come la tierra, — y el alma pena por ti."

LA ERMITA DE SAN SIMÓN

11

En Sevilla está una hermita — cual dicen de San Simón,
adonde todas las damas — iban a hacer oración.
Allá va la mi señora, — sobre todas la mejor,
saya lleva sobre saya, — mantillo de un tornasol,

en la su boca muy linda — lleva un poco de dulzor,
en la su cara muy blanca — lleva un poco de color,
y en los sus ojuelos garzos — lleva un poco de alcohol,
a la entrada de la hermita — relumbrando como el sol.
El abad que dice la misa — no la puede decir, non,
monacillos que le ayudan — no aciertan responder, non,
por decir: "amén, amén," — decían: "amor, amor."

AMOR ETERNO

1 2

Allá en tierras de León — una viudina vivía;
esta tal tenía una hija — más guapa que ser podía.
La niña ha dado palabra — a aquel Don Juan de Castilla;
la madre la tien mandada — a un mercader que venía,
que es muy rico y poderoso... — y mal se la quitaría.
Él Don Juan desque lo supo, — para las Indias camina:
allá estuvo siete años, — siete años menos un día,
para ver si la olvidaba — y olvidarla non podía.
Al cabo de los siete años, — para la España venía,
y fuése la calle abajo — donde la niña vivía:
encontró puertas cerradas, — balcones de plata fina;
y arrimárase a una reja — por ver si allí la veía.
Vió una señora de luto, — toda de luto vestida.
"¿Por quién trae luto, mi prenda, — por quién trae luto, mi
   vida?"
"Tráigolo por Doña Ángela, — que a Doña Ángela servía:
con los paños de la boda — enterraron a la niña."
Fuérase para la iglesia— más triste que non podía;
encontróse al ermitaño — que toca el Ave-María.
"Dígame do está enterrada — Ángela la de mi vida."
"Doña Ángela está enterrada — frente a la Virgen María."
"Ayúdeme a alzar la tumba, — que yo solo non podía."
Quitaron los dos la tumba, — que es una gran maravilla,
y debajo della estaba — como el sol cuando salía;
los dientes de la su boca — cristal fino parecían.
Por tres veces la llamaba, — todas tres le respondía:

"Si es Don Juan el que me llama, — presto me levantaría:
si es Don Pedro el que me llama, — levantarme non podría."
"Don Juan es el que te llama: — levántate, vida mía;
Don Juan es el que te llama, — el que tanto te quería."
Levantóse Doña Ángela. ....
y dió la mano a Don Juan: — "Este ha ser mi compañía,
que non me quiso olvidar — nin de muerta nin de viva."
Tomóla Don Juan en brazos, — más alegre que podía;
en un ruan la montara, — y echa andar la plaza arriba.
Encontró con el marido — galán que la pretendía.
"Deja esa rosa, Don Juan; — que esa rosa era la mía."
Armaron los dos un pleito, — un pleito de chancelía,
y echaron cartas a Roma; — non tardaron más que un día:
las cartas vienen diciendo — que Don Juan lleve la niña,
que el matrimonio se acaba — echándole tierra encima.

La lavandera

13

Yo me levantara, madre, — mañanica de Sant Juan:
vide estar una doncella — ribericas de la mar:
sola lava y sola tuerce, — sola tiende en un rosal:
mientras los paños se enjugan, — dice la niña un cantar:
"¿Dó los mis amores, dó los? — ¿dó los andaré a buscar?"
Mar abajo, mar arriba, — diciendo iba el cantar,
peine de oro en las sus manos — por sus cabellos peinar.
"Dígasme tú, el marinero, — sí, Dios te guarde de mal,
si los viste, mis amores, — si los viste allá pasar."

Romance de la amiga que se casó

14

"Compañero, compañero, — casóse mi linda amiga,
casóse con un villano — que es lo que más me dolía.

Irme quiero a tornar moro — allende la morería:
cristiano que allá pasare — yo le quitaré la vida."
"No lo hagas, compañero, — no lo hagas por tu vida,
de tres hermanas que tengo — darte he yo la más garrida,
si la quieres por mujer, — si la quieres por amiga."
"Ni la quiero por mujer, — ni la quiero por amiga,
pues que no pude gozar — de aquella que más quería."

EL CONVITE

15

"Vengo brindado, Mariana, — para una boda el domingo...."
"Esa boda, Don Alonso, — debiera de ser conmigo."
"Non es conmigo, Mariana; — es con un hermano mío."
"Siéntate aquí, Don Alonso, — en este escaño florido;
que me lo dejó mi padre — para el que case conmigo."
Se sentara Don Alonso, — presto se quedó dormido;
Mariana, como discreta, — se fué a su jardín florido.
Tres onzas de solimán, — cuatro de acero molido,
la sangre de tres culebras, — la piel de un lagarto vivo,
y la espinilla del sapo, — todo se lo echó en el vino.
"Bebe vino, Don Alonso; — Don Alonso, bebe vino."
"Bebe primero, Mariana, — que así está puesto en estilo."
Mariana, como discreta, — por el pecho lo ha vertido;
Don Alonso, como joven, — todo el vino se ha bebido:
con la fuerza del veneno, — los dientes se le han caído.
"¿Qué es esto, Mariana; — qué es esto que tiene el vino?"
"Tres onzas de solimán, — cuatro de acero molido,
la sangre de tres culebras, — la piel de un lagarto vivo,
y la espinilla del sapo, — para robarte el sentido."
"Sáname, buena Mariana, — que me casaré contigo."
"No puede ser, Don Alonso, — que el corazón te ha partido."
"Adios, esposa del alma, — presto quedas sin marido:
adios, padres de mi vida, — presto quedaron sin hijo.
Cuando salí de mi casa, — salí en un caballo pío,
y ahora voy para la iglesia — en una caja de pino."

Mal de amores

16

"¿Duque de Alba, estás casado?... — si non, yo te casaría...."
"Estoy casado, buen Rey, — casado por vida mía;
que tengo palabra dada — a una señora en Castilla.
Aunque viva cincuenta años, — yo jamás la olvidaría."
....
Entre estas palabras y otras — el casamiento se hacía.
Toda la gente lo sabe; — Doña Ana non lo sabía,
si no es por una doncella — que anda en su compañía:
"Novedad traigo, Doña Ana, — non sé si le placería;
que el Duque de Alba se casa, — su palabra mal cumplía."
"Que se case, que se vele, — ¿a mí que se me daría?
¡Caballeros tien la corte — que conmigo casarían!"
Los anillos de la mano — por el medio los partía;
los pelos de la cabeza — por el uno los arrinca....
Subióse en una ventana — de una sala que tenía;
violo que estaba jugando — con otros en compañía:
"¡Duque de Alba de mis ojos! — ¡Duque de Alba de mi vida!
¿Cómo tan presto olvidaste — a quién tanto te quería?"
Él posó el naipe en el suelo, — y corrió a ver a la niña.
¡En el medio de una sala — topárala flaquecida!
Llamara cuatro dotores — por ver de qué mal moría;
unos dicen que de susto, — y otros que de amor moría.

Romance de Catalina

17

Yo me adamé una amiga — dentro en mi corazón;
Catalina había por nombre, — no la puedo olvidar, no.
Rogóme que la llevase — a las tierras de Aragón.
"Catalina, sois mochacha, — no podréis caminar, no."
"Tanto andaré, el caballero, — tanto andaré como vos;
si lo dejáis por dineros, — llevaré para los dos,
ducados para Castilla, — florines para Aragón."
Ellos en aquesto estando, — la justicia que llegó.

LA BELLA MAL MARIDADA

18

"La bella mal maridada, — de las lindas que yo vi,
véote tan triste enojada; — la verdad díla tú a mí.
Si has de tomar amores — por otro, no dejes a mí,
que a tu marido, señora, — con otras dueñas lo vi,
besando y retozando: — mucho mal dice de ti;
juraba y perjuraba — que te había de ferir."
Allí habló la señora, — allí habló, y dijo así:
"Sácame tú, el caballero, — tú sacásesme de aquí;
por las tierras donde fueres — bien te sabría yo servir:
yo te haría bien la cama — en que hayamos de dormir,
yo te guisaré la cena — como a caballero gentil,
de gallinas y de capones — y otras cosas más de mil;
que a este mi marido — ya no le puedo sufrir,
que me da muy mala vida — cual vos bien podéis oir."
Ellos en aquesto estando — su marido hélo aquí:
"¿Qué hacéis, mala traidora? — ¡Hoy habedes de morir!"
"¿Y por qué, señor? ¿por qué? — que nunca os lo merecí.
Nunca besé a hombre, — más hombre besó a mí;
las penas que él merecía, — señor, daldas vos a mí:
con riendas de tu caballo, — señor, azotes a mí;
con cordones de oro y sirgo — viva ahorques a mí.
En la huerta de los naranjos — viva entierres tú a mí,
en sepoltura de oro — y labrada de marfil;
y pongas encima un mote, — señor, que diga así:
'Aquí está la flor de las flores, — por amores murió aquí;
cualquier que muere de amores — mándese enterrar aquí,
que así hice yo, mezquina, — que por amar me perdí.'"

ROMANCE DE BLANCA NIÑA

19

"Blanca sois, señora mía, — más que el rayo del sol:
¿si la dormiré esta noche — desarmado y sin pavor?
que siete años había, siete, — que no me desarmo, no.

Más negras tengo mis carnes — que un tiznado carbón."
"Dormilda, señor, dormilda, — desarmado sin temor,
que el conde es ido a la caza — a los montes de León."
"Rabia le mate los perros, — y águilas el su halcón,
y del monte hasta casa, — a él arrastre el morón."
Ellos en aquesto estando — su marido que llegó:
"¿Qué hacéis, la Blanca-niña, — hija de padre traidor?"
"Señor, peino mis cabellos, — péinolos con gran dolor,
que me dejéis a mí sola — y a los montes os vais vos."
"Esa palabra, la niña, — no era sino traición:
¿cuyo es aquel caballo — que allá bajo relinchó?"
"Señor, era de mi padre, — y envióoslo para vos."
"¿Cuyas son aquellas armas — que están en el corredor?"
"Señor, eran de mi hermano, — y hoy os las envió."
"¿Cuya es aquella lanza, — desde aquí la veo yo?"
"Tomalda, conde, tomalda, — matadme con ella vos,
que aquesta muerte, buen conde, — bien os la merezco yo."

Don Pedro y Doña Alda

20

A cazar iba Don Pedro, — a cazar como solía;
los perros lleva cansados — y el halcón perdido había.
Diérale el mal de la muerte; — para casa se volvía.
"¡Non diga nada, mi madre, — a Doña Alda de mi vida;
que como es niña pequeña, — de pena se moriría!
Que non sepa de mi muerte — hasta los cuarenta días."
Doña Alda estaba de parto, — y un niño varón paría.
"Diga, diga la mi suegra; — diga, diga suegra mía;
¿por quién tocarán a muerto — que las campanas tañían?"
"Son de la iglesia mayor — que están repicando a misa."
"Óyense cantar responsos, — ¿a quién a enterrar irían?"
"Es el santo del patrono, — y hay procesión en la villa."
Viniera Pascua de Flores; — Doña Alda a ofrecer iría.
"Diga, diga la mi suegra: — ¿qué vestido llevaría?"
"Como eres blanca y delgada, — lo negro bien te estaría."
"¡Viva, viva mi Don Pedro, — la prenda que más quería;
que para vestir de luto — bastante tiempo tendría!"
Las doncellas van de luto, — ella de *Pascua Florida*.

Encontraron un pastor — que tocaba la guacina;
"¡Qué viudina tan hermosa; — qué viudina tan pulida!"
"Diga, diga la mi suegra; — ¿ese pastor, qué decía?"
"Que caminemos, Doña Alda, — que perderemos la misa."
A la entrada de la iglesia, — toda la gente la mira.
"¿Por qué me mira la gente, — por qué la gente me mira?"
"Dirételo, Doña Alda; — pues de saberlo tenías.
Aquí se entierran los reyes, — caballeros de Castilla,
y aquí se enterró Don Pedro, — la prenda que más querías...."
"Ay, triste de mí, cuitada, — qué engañada yo vivía!
que en vez de venir de luto, — vengo de linda parida.
¡Desgraciado de mi hijo, — en mal hora lo paría!
Que por la desgracia suya, — hijo sin padre sería."

LAS SEÑAS DEL ESPOSO

21

"Caballero de lejas tierras — llegaos acá y veréis:
hinquedes la lanza en tierra, — vuestro caballo arrendéis:
preguntaros he por nuevas, — si mi marido conocéis."
"Vuestro marido, señora, — decid de qué señas es."
"Mi marido es blanco y mozo, — gentil-hombre y bien cortés,
muy gran jugador de tablas — y aun también del ajedrez.
En el pomo de su espada — armas trae de un marqués,
y un ropón de brocado, — y de carmesí el corvés:
cabo el fierro de la lanza — trae un pendón portugués,
que lo ganó a las tablas — a un buen conde francés."
"Por esas señas, señora, — su marido muerto es:
en Valencia le mataron — en casa de un ginovés;
sobre el juego de las tablas — lo matara un milanés;
muchas damas lo lloraban, — caballeros y un marqués.
Sobre todos lo lloraba — la hija del ginovés:
todos dicen a una voz — que su enamorada es.
Si habéis de tomar amores, — por otro a mí no dejéis."
"No me lo mandéis, señor, — señor, no me lo mandéis;
que antes que eso hiciese — señor, monja me veréis."
"No os metáis monja, señora, — pues que hacello no podéis;
que vuestro marido amado — delante de vos lo tenéis."

Romance de Gerineldo

22

"Gerineldo, Gerineldo, — paje del Rey más querido;
¡dichosa fuera la dama — que se casara contigo!"
"Porque soy criado suyo, — ¡cómo se burla conmigo!"
"Non me burlo, Gerineldo; — advierte lo que te digo:
a las doce de la noche — echa a andar para el castillo,
desque mi padre y mi madre — estéan adormecidos."
Aun no eran dadas las doce — ya llamaba en el postigo.
Mas la Reina, con ser Reina, — aun no se había dormido.
"Levántate, buen Rey, — levántate conmigo;
o nos roban la Infantina, — o nos roban el castillo."
Levantárase el buen Rey — con un camisón vestido;
cogió la espada en la mano, — y echó a andar por el castillo....
Topólos boca con boca — como mujer y marido:
alzó los ojos arriba, y dixo: — "¡Válgame Cristo!
yo si mato a la Infantina — queda mi reino perdido;
y si mato a Gerineldo... — ¡criélo desde muy niño!"
Puso la espada entre ambos: — "Esta será buen testigo."
A otro día de mañana — Gerineldo aborrecido.
"¿Tú que tienes, Gerineldo; — tú que tienes, paje mío?
¿Hízote mal el mi pan, — o te hizo mal el mi vino?"
"Non me hizo mal vuestro pan, — nin me hizo mal vuestro
   vino;
falta un cofre a la Infantina — y a mí me lo habían pedido."
"¡Dese cofre, Gerineldo, — la mi espada es buen testigo!...
O te has de casar con ella — o la has de buscar marido."
"Señor, mi padre non tiene — ni para echarla un vestido."
"Echáselo de sayal — pues ella lo ha merecido."

Las bodas en Francia

23

Bodas hacían en Francia — allá dentro en París;
¡cuán bien que guía la danza — esta Doña Beatriz!
¡Cuán bien que se la miraba — el buen conde Don Martín.

"¿Qué miráis aquí, buen conde? — conde, ¿qué miráis aquí?
¿decid, si miráis la danza, — o si me miráis vos a mí?"
"Que no miro yo a la danza, — porque muchas danzas vi,
miro yo vuestra lindeza — que me hace penar a mí."
"Si bien os parezco, conde, — conde, saquéisme de aquí,
que el marido tengo viejo — y no puede ir atrás mí."

EL HIJO DEL REY DE FRANCIA

24

"Tiempo es, el caballero, — tiempo es de andar de aquí,
que ni puedo andar en pie, — ni al emperador servir,
que me crece la barriga — y se me acorta el vestir:
vergüenza he de mis doncellas, — las que me dan el vestir;
míranse unas a otras, — no hacen sino reir:
vergüenza he de mis caballeros, — los que sirven ante mí."
"Parildo (dijo), señora, — que así hizo mi madre a mí;
hijo soy de un labrador — y mi madre pan vendí."
La infanta desque esto oyera — comenzóse a maldecir:
"¡Maldita sea la doncella — que de tal hombre fué a parir!"
"No vos maldigáis, señora, — no vos queráis maldecir,
que hijo soy del rey de Francia, — mi madre es Doña Beatriz:
cien castillos tengo en Francia, — señora, para os guarir,
cien doncellas me los guardan, — señora, para os servir."

ROMANCE DE LA INFANTINA

25

A cazar va el caballero — a cazar como solía;
los perros lleva cansados — el halcón perdido había
cuando le cogió la noche — en una oscura montiña,
donde cae la nieva a copos — y el agua menuda y fría
Arrimárase él a un roble — alto es a maravilla,
el tronco tiene de oro — las ramas de plata fina;
en la ramita más alta — vido estar una Infantina:
cabellos de su cabeza — todo aquel roble cubrían,
y con la luz de sus ojos — todo el monte esclarecía.

"No te espantes, caballero, — ni tengas tamaña grima.
Fija soy yo del buen rey — y de la reina de Castilla:
siete fadas me fadaron — en brazos de una ama mía,
que andase los siete años — sola en esta montiña.
Hoy se cumplían los siete años, — o mañana en aquel día:
por Dios te ruego, caballero, — llévesme en tu compañía,
si quisieres por mujer, — si no, sea por amiga."
"Esperéisme vos, señora, — fasta mañana, aquel día,
iré yo tomar consejo — de una madre que tenía."
La niña le respondiera — y estas palabras decía:
"¡Oh mal haya el caballero — que sola deja la niña!"
Él se va a tomar consejo, — y ella queda en la montiña.
Aconsejóle su madre — que la tomase por amiga.
Cuando volvió el caballero — no la hallara en la montiña:
vídola que la llevaban — con muy gran caballería.
El caballero desque la vido — en el suelo se caía:
desque en sí hubo tornado — estas palabras decía:
"Caballero que tal pierde, — muy gran pena merecía:
yo mesmo seré el alcalde, — yo me seré la justicia:
que le corten pies y manos — y lo arrastren por la villa."

La hija del rey de Francia

26

De Francia partió la niña, — de Francia la bien guarnida:
íbase para París, — do padre y madre tenía.
Errado lleva el camino, — errada lleva la guía:
arrimárase a un roble — por esperar compañía.
Vió venir un caballero, — que a París lleva la guía.
La niña desque lo vido — de esta suerte le decía:
"Si te place, caballero, — llévesme en tu compañía."
"Pláceme (dijo), señora, — pláceme (dijo), mi vida."
Apeóse del caballo — por hacelle cortesía;
puso la niña en las ancas — y él subiérase en la silla.
En el medio del camino — de amores la requería.
La niña desque lo oyera — díjole con osadía:
"Tate, tate, caballero, — no hagáis tal villanía:
hija soy de un malato — y de una malatía;

el hombre que a mí llegase — malato se tornaría."
El caballero con temor — palabra no respondía.
A la entrada de París — la niña se sonreía.
"¡De qué vos reis, señora? — ¿de qué vos reis, mi vida?"
"Ríome del caballero, — y de su gran cobardía,
¡tener la niña en el campo, — y catarle cortesía!"
Caballero con vergüenza — estas palabras decía:
"Vuelta, vuelta, mi señora, — que una cosa se me olvida."
La niña como discreta — dijo: "Yo no volvería,
ni persona, aunque volviese, — en mi cuerpo tocaría:
hija soy del rey de Francia — y de la reina Constantina,
el hombre que a mí llegase — muy caro le costaría."

LA DAMA Y EL PASTOR

27

"Pastor, que estás en el campo, — de amores tan retirado,
yo te vengo a proponer — si quisieres ser casado."
"Yo no quiero ser casado," — responde el villano vil:
"tengo el ganado en la sierra: — a Dios, que me quiero ir."
"Tú, que estás acostumbrado — a ponerte esos sajones;
si te casaras conmigo — te pusieras pantalones."
"No quiero tus pantalones," — responde el villano vil:
"tengo el ganado en la sierra: — a Dios, que me quiero ir."
"Tú, que estás acostumbrado — a ponerte chamarreta;
si te casaras conmigo, — te pondrías tu chaqueta."
"Yo no quiero tu chaqueta," — responde el villano vil:
"tengo el ganado en la sierra: — a Dios, que me quiero ir."
"Tú, que estás acostumbrado — a comer pan de centeno;
si te casaras conmigo, — lo comieras blanco y bueno."
"Yo no quiero tu pan blanco," — responde el villano vil:
"tengo el ganado en la sierra: — a Dios, que me quiero ir."
"Tú, que estás acostumbrado — a dormir entre granzones;
si te casaras conmigo, — durmieras en mis colchones."
"Yo no quiero tus colchones," — responde el villano vil:
"tengo el ganado en la sierra: — a Dios, que me quiero ir."
"Si te casaras conmigo, — mi padre te diera un coche,
para que vengas a verme — los sábados por la noche."

2—2

"Yo no quiero ir en coche," — responde el villano vil:
"tengo el ganado en la sierra: — a Dios, que me quiero ir."
"Te he de poner una fuente — con cuatro caños dorados,
para que vayas a ella — a dar agua a tu ganado."
"Yo no quiero tu gran fuente," — responde el villano vil:
"ni mujer tan amorosa — no quiero yo para mí."

ROMANCE DE DON BERNALDINO

28

Ya piensa Don Bernaldino — su amiga visitar,
da voces a los sus pajes, — de vestir le quieran dar.
Dábanle calzas de grana, — borceguís de cordobán,
un jubón rico broslado, — que en la corte no hay su par,
dábanle una rica gorra, — que no se podría apreciar,
con una letra que dice: — "Mi gloria por bien amar."
La riqueza de su manto — no vos la sabría contar;
sayo de oro de martillo — que nunca se vió su igual.
Una blanca hacanea — mandó luego ataviar,
con quince mozos de espuelas — que le van acompañar.
Ocho pajes van con él, — los otros mandó tornar;
de morado y amarillo — es su vestir y calzar.
Allegado han a las puertas — do su amiga solía estar;
fallan las puertas cerradas, — empiezan de preguntar:
"¿Dónde está doña Leonor — la que aquí solía morar?"
Respondió un maldito viejo, — que él luego mandó matar:
"Su padre se la llevó — lejas tierras habitar."
Él rasga sus vestiduras — con enojo y gran pesar,
y volvióse a los palacios — donde solía reposar.
Puso una espada a sus pechos — por sus días acabar.
Un su amigo que lo supo — veníalo a consolar,
y en entrando por la puerta — vídolo tendido estar.
Empieza a dar tales voces, — que al cielo quieren llegar;
vienen todos sus vasallos, — procuran de lo enterrar
en un rico monumento — todo hecho de cristal,
en torno del cual se puso — un letrero singular:
"Aquí está Don Bernaldino — que murió por bien amar."

ROMANCE DEL CONDE OLINOS

29

¡ *Conde Olinos, Conde Olinos,* — *es niño y pasó la mar!*
Levantóse Conde Olinos — mañanita de San Juan:
llevó su caballo al agua — a las orillas del mar.
Mientras el caballo bebe — él se pusiera a cantar:
"Bebe, bebe, mi caballo; — Dios te me libre de mal,
de los vientos rigurosos — y las arenas del mar."
Bien lo oyó la Reina mora, — de altas torres donde está:
"Escuchad, mis hijas todas; — las que dormís, recordad
y oiredes a la sirena — como canta por la mar."
Respondió la más chiquita, — (¡más le valiera callar!)
"Aquello no es la sirena, — ni tampoco su cantar;
aquél era el Conde Olindos, — que a mis montes va a cazar."
"Mis morillos, mis morillos, — los que me coméis el pan,
id buscar al Conde Olindos, — que a mis montes va a cazar.
Al que me lo traiga vivo, — un reinado le he de dar;
el que me lo traiga muerto — con la Infanta ha de casar:
al que traiga su cabeza, — a oro se la he de pesar."
Po 'l monte de los Acebos, — cien mil morillos se van
en busca del Conde Olindos; — non le pueden encontrar.
Encontráronlo durmiendo — debajo de un olivar.
"¿Que haces ahí, Conde Olindos? — ¿Qué vienes aquí a buscar?
Si a buscar vienes la muerte, — te la venimos a dar,
si a buscar vienes la vida — de aquí non la has de llevar."
"¡Oh, mi espada, oh, mi espada — de buen oro y buen metal;
que de muchas me libraste, — desta non me has de faltar:
y si desta me librases, — te vuelvo a sobredorar!"
Por la gracia del Dios Padre, — comenzó la espada a hablar:
"Si tú meneas los brazos — cual los sueles menear,
yo cortaré por los moros — como cuchillo por pan."
"¡Oh caballo, mi caballo; — oh, mi caballo ruan,
que de muchas me libraste, — desta non me has de faltar!"
Por la gracia de Dios Padre, — comenzó el caballo a hablar:
"Si me das la sopa en vino — y el agua por la canal,
las cuatro bandas de moros — las pasaré par a par."

Cuando era medio día, — no halló con quien pelear,
sinon era un perro moro — que non lo pudo matar.
Allí vino una paloma, — blanquita y de buen volar.
"¿Qué haces ahí, palomita; — qué vienes aquí a buscar?"
"Soy la Infanta, Conde Olinos; — de aquí te vengo a sacar.
Ya que non queda más qu' ese, — vivo no habrá de marchar."
Por el campo los dos juntos — se pasean par a par.
La Reina mora los vió, — y ambos los mandó matar:
del uno nació una oliva, — y del otro un olivar:
cuando hacía viento fuerte, — los dos se iban a juntar,
La Reina también los vió, — también los mandó cortar:
del uno nació una fuente, — del otro un río caudal.
Los que tienen mal de amores — allí se van a lavar.
La Reina también los tiene — y también se iba a lavar.
"Corre fuente, corre fuente, — que en ti me voy a bañar."
"Cuando yo era Conde Olinos, — tú me mandaste matar;
cuando yo era olivar, — tú me mandaste cortar;
ahora que yo soy fuente, — de ti me quiero vengar:
para todos correré — para ti me he de secar."
¡Conde Olinos, Conde Olinos, — es niño y pasó la mar!

ROMANCE DE DON TRISTÁN

30

Ferido está Don Tristán — de una mala lanzada,
diérasela el rey su tío — por zelos que dél cataba.
El fierro tiene en el cuerpo, — de fuera le tembla el asta:
valo a ver la reina Iseo — por la su desdicha mala.
Júntanse boca con boca — cuanto una misa rezada,
llora el uno, llora el otro, — la cama bañan en agua:
allí nace un arboledo — que azucena se llamaba,
cualquier mujer que la come — luego se siente preñada:
comiérala reina Iseo — por la su desdicha mala.

ROMANCE DE LANZAROTE

31

Nunca fuera caballero — de damas tan bien servido,
como fuera Lanzarote — cuando de Bretaña vino,
que dueñas curaban dél, — doncellas del su rocino.
Esa dueña Quintañona, — esa le escanciaba el vino,
la linda reina Ginebra — se lo acostaba consigo;
y estando al mejor sabor, — que sueño no había dormido,
la reina toda turbada — un pleito ha conmovido.
"Lanzarote, Lanzarote, — si antes hubieras venido
no hablara el orgulloso — las palabras que había dicho,
que a pesar de vos, señor, — se acostaría comigo."
Ya se arma Lanzarote — de gran pesar conmovido,
despídese de su amiga, — pregunta por el camino,
topó con el orgulloso — debajo de un verde pino,
combátense de las lanzas, — a las hachas han venido.
Ya desmaya el orgulloso, — ya cae en tierra tendido,
córtarle la cabeza, — sin hacer ningún partido;
vuélvese para su amiga — donde fué bien recibido.

ROMANCE DE QUINTAÑONES

32

Tres hijuelos había el rey, — tres hijuelos, que no más;
por enojo que hobo de ellos — todos maldito los ha.
El uno se tornó ciervo, — el otro se tornó can,
el otro se tornó moro, — pasó las aguas del mar.
Andábase Lanzarote — entre las damas holgando,
grandes voces dió la una: — "Caballero, estad parado:
si fuese la mi ventura, — cumplido fuese mi hado
que yo casase con vos, — y vos comigo de grado,
y me diésedes en arras — aquel ciervo del pie blanco."
"Dároslo he yo, mi señora, — de corazón y de grado,
y supiese yo las tierras — donde el ciervo era criado."
Ya cabalga Lanzarote, — ya cabalga y va su vía,
delante de sí llevaba — los sabuesos por la traílla.

Llegado había a una ermita, — donde un ermitaño había:
"Dios te salve, el hombre bueno." — "Buena sea tu venida:
cazador me parecéis — en los sabuesos que traía."
"Dígasme tú, el ermitaño, — tú que haces santa vida,
ese ciervo del pie blanco — ¿dónde hace su manida?"
"Quedáis os aquí, mi hijo, — hasta que sea de día,
contaros he lo que vi, — y todo lo que sabía.
Por aquí pasó esta noche — dos horas antes del día,
siete leones con él — y una leona parida.
Siete condes deja muertos, — y mucha caballería.
Siempre Dios te guarde, hijo, — por doquier que fuer tu ida,
que quien acá te envió — no te quería dar la vida.
¡Ay dueña de Quintañones, — de mal fuego seas ardida,
que tanto buen caballero — por ti ha perdido la vida!"

El labrador y el pobre

33

Caminaba un labrador — tres horas antes del día,
y se encontró con un pobre — que muy cansado venía;
el labrador se apeaba, — y el pobre se montaría.
Le llevó para su casa, — y de cenar le daría:
de tres panes de centeno, — porque de otro no tenía,
cada bocado que echaba — de trigo se le volvía.
A eso de la media noche, — que el labrador no dormía,
se levantaba en silencio — por ver lo que el pobre hacía.
Le estaban crucificando: — la cruz por cama tenía.
¡Oh quién lo hubiera sabido! — Yo mi cama le daría.

La fe del ciego

34

Camina la Virgen pura, — camina para Belén,
con un niño entre los brazos — que es un cielo de lo ver:
en el medio del camino — pidió el niño de beber.
"No pidas agua, mi niño, — no pidas agua, mi bien;

que los ríos corren turbios — y los arroyos también,
y las fuentes manan sangre — que no se puede beber."
Allá arriba en aquel alto — hay un dulce naranjel,
cargadito de naranjas — que otra no puede tener.
Es un ciego el que las guarda, — ciego que no puede ver.
"Dame, ciego, una naranja — para el Niño entretener."
"Cójalas usted, Señora, — las que faga menester;
coja de aquellas más grandes, — deje las chicas crecer."
Cogiéralas de una en una, — salieran de cien en cien·
al bajar del naranjero — el ciego comenzó a ver.
"¿Quién sería esa Señora — que me fizo tanto bien?"
Érase la Virgen Santa, — que camina para Belén.

HISTORICAL BALLADS

DON RODERIC, LAST KING OF
THE VISIGOTHS

ALL know the story of Don Roderic and Count Julian's daughter; and how, thirsting to avenge the insult to his honour, the Count brought in the Moslems. The battle fought near the Lago de la Janda (not, according to the best authorities, on the banks of the Guadalete) in July of the year 711 sealed the fate of the Gothic kingdom of Spain. In the ballads the unfortunate girl appears under the name of La Cava, 'the Wanton,' the word being of Arabic origin. Count Julian was at this period in command at Ceuta, across the Straits, and Bishop Orpas (Opas or Oppas, Metropolitan of Seville) is said to have been the brother of Julian's wife Francina.

ROMANCE DEL CONDE DON JULIÁN

35

En Ceupta está Julián, — en Ceupta la bien nombrada:
para las partes de aliende — quiere enviar su embajada;
moro viejo la escrebía, — y el conde se la notaba:
después de haberla escripto, — al moro luego matara.
Embajada es de dolor, — dolor para toda España:
las cartas van al rey moro — en las cuales le juraba
que si le daba aparejo — le dará por suya España.
Madre España, ¡ay de ti! — en el mundo tan nombrada,
de las partidas la mejor, — la mejor y más ufana,
donde nace el fino oro, — y la plata no faltaba,
dotada de hermosura, — y en proezas extremada;
por un perverso traidor — toda eres abrasada,
todas tus ricas ciudades — con su gente tan galana
las domeñan hoy los moros — por nuestra culpa malvada,
si no fueran las Asturias, — por ser la tierra tan brava.
El triste rey Don Rodrigo, — el que entonces te mandaba,
viendo sus reinos perdidos — sale a la campal batalla,
el cual en grave dolor — enseña su fuerza brava;
mas tantos eran los moros, — que han vencido la batalla.

No paresce el rey Rodrigo, — ni nadie sabe do estaba.
Maldito de ti, Don Orpas, — obispo de mala andanza:
en esta negra conseja — uno a otro se ayudaba.
¡Oh dolor sobre manera! — ¡oh cosa nunca cuidada!
que por sola una doncella, — la cual Cava se llamaba,
causen estos dos traidores — que España sea domeñada,
y perdido el rey señor, — sin nunca dél saber nada.

LA CAVA Y EL REY DON RODRIGO

36

Los vientos eran contrarios, — la luna estaba crecida,
los peces daban gemidos — por el mal tiempo que hacía,
cuando el rey Don Rodrigo — junto a la Cava dormía,
dentro de una rica tienda — de oro bien guarnecida.
Trescientas cuerdas de plata — que la tienda sostenían,
dentro había cien doncellas — vestidas a maravilla;
las cincuenta están tañendo — con muy extraña armonía
las cincuenta están cantando — con muy dulce melodía.
Allí hablara una doncella — que Fortuna se decía:
"Si duermes, rey Don Rodrigo, — despierta por cortesía,
y verás tus malos hados, — tu peor postrimería,
y verás tus gentes muertas, — y tu batalla rompida,
y tus villas y ciudades — destruidas en un día.
Tus castillos, fortalezas — otro señor los regía.
Si me pides quién lo ha hecho, — yo muy bien te lo diría:
ese conde Don Julián — por amores de su hija,
porque se la deshonraste — y más de ella no tenía.
Juramento viene echando — que te ha de costar la vida."
Despertó muy congojado — con aquella voz que oía;
con cara triste y penosa — de esta suerte respondía:
"Mercedes a ti, Fortuna, — de esta tu mensajería."
Estando en esto allegó — uno que nuevas traía:
cómo el conde Don Julián — las tierras le destruía.
Apriesa pide el caballo, — y al encuentro le salía;
los enemigos son tantos, — que esfuerzo no le valía;
que capitanes y gentes — huía el que más podía.

Romance de cómo se perdió España

37

Las huestes de Don Rodrigo — desmayaban y huían
cuando en la octava batalla — sus enemigos vencían.
Rodrigo deja sus tiendas — y del real se salía:
solo va el desventurado, — que no lleva compañía.
El caballo de cansado — ya mudar no se podía:
camina por donde quiere, — que no le estorba la vía.
El rey va tan desmayado, — que sentido no tenía:
muerto va de sed y hambre, — que de velle era mancilla;
iba tan tinto de sangre, — que una brasa parecía.
Las armas lleva abolladas, — que eran de gran pedrería;
la espada lleva hecha sierra — de los golpes que tenía;
el almete abollado — en la cabeza se le hundía;
la cara lleva hinchada — del trabajo que sufría.
Subióse encima de un cerro — el más alto que veía:
dende allí mira su gente — cómo iba de vencida.
De allí mira sus banderas, — y estandartes que tenía,
cómo están todos pisados — que la tierra los cubría.
Mira por los capitanes — que ninguno parescía;
mira el campo tinto en sangre, — la cual arroyos corría.
El triste de ver aquesto — gran mancilla en sí tenía:
llorando de los sus ojos — de esta manera decía:
"Ayer era rey de España, — hoy no lo soy de una villa;
ayer villas y castillos, — hoy ninguno poseía;
ayer tenía criados, — hoy ninguno me servía,
hoy no tengo una almena — que pueda decir que es mía.
¡ Desdichada fué la hora, — desdichado fué aquel día
en que nací y heredé — la tan grande señoría,
pues lo había de perder — todo junto y en un día!
¡Oh muerte! ¿ por qué no vienes — y llevas esta alma mía
de aqueste cuerpo mezquino, — pues te se agradecería?"

LA PENITENCIA DE DON RODRIGO

38

Después que el rey Don Rodrigo — a España perdido había,
íbase desesperado — por donde más le placía.
Métese por las montañas — las más espesas que había,
porque no le hallen los moros — que en su seguimiento iban.
Topado ha con un pastor — que su ganado traía,
díjole: "¿Dime, buen hombre, — lo que preguntar quería,
si hay por aquí poblado — o alguna casería
donde pueda descansar, — que gran fatiga traía?"
El pastor respondió luego — que en balde la buscaría,
porque en todo aquel desierto — sola una ermita había,
adonde estaba un ermitaño, — que hacía muy santa vida.
El rey fué alegre de esto, — por allí acabar su vida.
Pidió al hombre que le diese — de comer, si algo tenía:
el pastor sacó un zurrón, — que siempre en él pan traía;
dióle dél, y de un tasajo — que acaso allí echado había.
El pan era muy moreno, — al rey muy mal le sabía;
las lágrimas se le salen, — detener no las podía
acordándose en su tiempo — los manjares que comía.
Después que hubo descansado — por la ermita le pedía,
el pastor le enseñó luego — por donde no erraría.
El rey le dió una cadena, — y un anillo que traía:
joyas son de gran valer — que el rey en mucho tenía.
Comenzando a caminar, — ya cerca el sol se ponía;
llegado es a la ermita — que el pastor dicho le había.
Él dando gracias a Dios — luego a rezar se metía;
después que hubo rezado — para el ermitaño se iba:
hombre es de autoridad, — que bien se le parecía.
Preguntóle el ermitaño — cómo allí fué su venida;
el rey, los ojos llorosos, — aquesto le respondía:
"El desdichado Rodrigo — yo soy, que rey ser solía:
vengo a hacer penitencia — contigo en tu compañía;
no recibas pesadumbre — por Dios y Santa María."
El ermitaño se espanta; — por consolallo decía:
"Vos cierto habéis elegido — camino cual convenía

para vuestra salvación, — que Dios os perdonaría."
El ermitaño ruega a Dios — por si le revelaría
la penitencia que diese — al rey que le convenía.
Fuéle luego revelado, — de parte de Dios, un día,
que le meta en una tumba — con una culebra viva,
y esto tome en penitencia — por el mal que hecho había.
El ermitaño al rey — muy alegre se volvía:
contóselo todo al rey — cómo pasado lo había.
El rey de esto muy gozoso, — luego en obra lo ponía.
Métese como Dios manda — para allí acabar su vida;
el ermitaño, muy santo, — mírale el tercero día.
Dice: "¿Cómo os va, buen rey? — ¿vaos bien con la com-
    pañía?"
"Hasta ahora no me ha tocado — porque Dios no lo quería:
ruega por mí, el ermitaño, — porque acabe bien mi vida."
El ermitaño lloraba, — gran compasión le tenía:
comenzóle a consolar — y esforzar cuanto podía.
Después vuelve el ermitaño — a ver si ya muerto había
halla que estaba rezando — y que gemía y plañía.
Preguntóle cómo estaba: — "Dios es en la ayuda mía,"
respondió el buen rey Rodrigo: — "la culebra me comía;
cómeme ya por la parte — que todo lo merecía,
por donde fué el principio — de la mi muy gran desdicha."
El ermitaño lo esfuerza, — el buen rey allí moría:
aquí acabó el rey Rodrigo, — al cielo derecho se iba.

BALLADS OF CHARLEMAGNE

CHARLEMAGNE died in 814, and Turpin, Archbishop of Rheims, the chief ecclesiastic of his court, did not survive him: his nephew Roland (Hruodlandus in Eginhard), whom the Spaniards call Roldán, was killed at Roncesvalles in August 778. For the events dealt with in the Carlovingian cycle of ballads, concerning Charlemagne and his Twelve Peers, the authorities are the *History* falsely ascribed to Turpin and the *Chanson de Roland.* The *History* of Pseudo-Turpin is now known to have been written by a French monk in the middle of the 12th century: and the *Chanson* appears to be of very little earlier date: both, therefore, are three and a half centuries later than the events they deal with. The Spanish *juglares* reproduced many of the *chansons de geste* of the French *jongleurs*, but made a very notable addition to the dramatis-personae of their *cantares de gesta* in the person of the national Spanish hero Bernardo, or Bernaldo, del Carpio. Though he himself is unknown to history, Carpio is a real castle, near Salamanca, credited with having been built by him. The Spanish legend gives him as the son of Ximena, sister of Alfonso the Chaste of Leon, she having taken as her lover the Count of Saldaña. But Alfonso forbade the marriage, imprisoned Saldaña, and sent Ximena to be shut up in a convent. Time passes, King Alfonso, late in life being without children, purposes to give his kingdom to Charlemagne. Such an arrangement was naturally repugnant to all patriotic Spaniards. Charlemagne enters Spain with Roland in command of his armies; Bernardo, come to man's estate, heads the opposition, greatly disapproving Alfonso's design, and he defeats Roland at Roncesvalles.

ROMANCE DE BERNARDO DEL CARPIO

39

En los reinos de León — el casto Alfonso reinaba:
hermosa hermana tenía, — Doña Ximena se llama.
Enamorárase de ella — ese Conde de Saldaña,
mas no vivía engañado, — porque la infanta lo amaba.
Muchas veces fueron juntos, — que nadie lo sospechaba;
de las veces que se vieron — la infanta quedó preñada.
La infanta parió a Bernaldo, — y luego monja se entraba;
mandó el rey prender al conde — y ponerle muy gran guarda.

BERNARDO Y LA REINA

40

Andados treinta y seis años — del rey Don Alfonso el Casto,
en la era de ochocientos — y cincuenta y tres ha entrado
el número de esta cuenta, — y el rey ha más reposado,
faciendo en León sus cortes, — y habiendo a ellas llegado
los altos hombres del reino — y los de mediano estado;
mientras las cortes se facen — el rey facer ha mandado
generales alegrías, — con que a la corte ha alegrado,
corriendo cada día toros — y bohordando tablados.
Don Arias y Don Tibalte, — dos condes de gran estado,
eran tristes además — cuando vieron que Bernaldo
no entraba en aquellas fiestas, — a los cuales ha pesado,
porque no ha entrado en ellas — las era gran menoscabo,
y eran menguadas las cortes — no habiendo a ellas andado.
Después de haberse entre sí — ambos a dos acordado,
suplicaron a la reina — que le dijese a Bernaldo,
que por su amor cabalgase, — y que lanzase al tablado.
Folgando la reina de ello, — a Bernaldo lo ha rogado,
diciendo: "Yo vos prometo — de que al rey haya hablado,
yo le pida a vuestro padre, — ca no me lo habrá negado."
Bernaldo cabalgó entonces, — y fué a complir su mandado:
llegando delante el rey, — con tanta furia ha tirado,
que esforzándose en sus fuerzas, — el tablado ha quebrantado.
El rey desque esto fué fecho — fuése a yantar al palacio.
Don Tibalte y Arias, godos, — a la reina le han membrado
que cumpliese la merced — que a Bernaldo le ha mandado.
La reina fué luego al rey, — la cual así le ha fablado:
"Mucho vos ruego, señor, — que me déis, si os viene en grado
al conde don Sancho Díaz, — que tenéis aprisionado;
ca este es el primer don — que yo vos he demandado."
El rey cuando aquesto oyó — gran pesar hubo tomado,
y mostrando grande enojo, — esta respuesta le ha dado:
"Reina, yo non lo faré, — no vos trabajéis en vano,
ca non quiero quebrantar — la jura que hube jurado."

La reina fincó muy triste — porque el rey no se lo ha dado,
mas Bernaldo en gran manera — fué de esto mal enojado,
acordando de irse al rey — a suplicarle de cabo
le diese a su padre el conde, — y si no, desafiallo.

BERNARDO Y EL REY ALFONSO

41

Por las riberas de Arlanza — Bernardo del Carpio cabalga
con un caballo morcillo — enjaezado de grana,
gruesa lanza en la su mano, — armado de todas armas.
Toda la gente de Burgos — le mira como espantada,
porque no se suele armar — sino a cosa señalada.
También lo miraba el rey, — que fuera vuela una garza;
diciendo estaba a los suyos: — "Esta es una buena lanza:
si no es Bernaldo del Carpio, — este es Muza él de Granada."
Ellos estando en aquesto, — Bernardo que allí llegaba,
ya sosegado el caballo, — no quiso dejar la lanza;
mas puesta encima del hombro, — al rey de esta suerte hablaba.
"Bastardo me llaman, rey, — siendo hijo de tu hermana,
y del noble Sancho Díaz, — ese Conde de Saldaña:
dicen que ha sido traidor, — y mala mujer tu hermana.
Tú y los tuyos lo habéis dicho, — que otro ninguno no osara:
mas quien quiera que lo ha dicho, — miente por medio la barba;
mi padre no fué traidor, — ni mi madre mujer mala,
porque cuando fuí engendrado, — ya mi madre era casada.
Pusiste a mi padre en hierros, — y a mi madre en orden santa,
y por que no herede yo — quieres dar tu reino a Francia.
Morirán los castellanos — antes de ver tal jornada:
montañeses, y leoneses, — y esa gente esturiana,
y ese rey de Zaragoza — me prestará su compaña
para salir contra Francia — y darle cruda batalla;
y si buena me saliere, — será el bien de toda España;
si mala, por la república — moriré yo en tal demanda.
Mi padre mando que sueltes, — pues me diste la palabra;
si no, en campo, como quiera — te será bien demandada."

LA BATALLA DE RONCESVALLES

42

Domingo era de Ramos, — la Pasión quieren decir,
cuando moros y cristianos — todos entran en la lid.
Ya desmayan los franceses, — ya comienzan de huir.
¡Oh cuán bien los esforzaba — ese Roldán paladín!
"¡Vuelta, vuelta, los franceses, — con corazón, a la lid!
¡más vale morir por buenos, — que deshonrados vivir!"
Ya volvían los franceses — con corazón a la lid;
a los encuentros primeros — mataron sesenta mil.
Por las sierras de Altamira — huyendo va el rey Marsín,
caballero en una cebra, — no por mengua de rocín.
La sangre que dél corría — las yerbas hace teñir;
las voces que iba dando — al cielo quieren subir.
"¡Reniego de ti, Mahoma, — y de cuanto hice en ti!
Hícete cuerpo de plata, — pies y manos de un marfil;
hícete casa de Meca — donde adorasen en ti,
y por más te honrar, Mahoma, — cabeza de oro te fiz.
Sesenta mil caballeros — a ti te los ofrecí;
mi mujer la reina mora — te ofreció treinta mil."

LA MUERTE DE ROLDÁN

43

Por muchas partes herido — sale el viejo Carlo-Magno,
huyendo de los de España — porque le han desbaratado:
los once deja perdidos — solo Roldán ha escapado,
que nunca ningún guerrero — llegó a su esfuerzo sobrado,
y no podía ser herido — ni su sangre derramado.
Al pie estaba de una cruz — por el suelo arrodillado:
los ojos vueltos al cielo, — desta manera ha hablado:
"Animoso corazón, — ¿cómo te has acobardado
en salir de Roncesvalles — sin ser muerto o bien vengado?
¡Ay amigos y señores! — ¡cómo os estaréis quejando
que os acompañé en la vida, — y en la muerte os he dejado!"

Estando en esta congoja — vió venir a Carlo-Magno
triste, solo, y sin corona, — con el rostro ensangrentado.
Desque así lo hubo visto — cayó muerto el desdichado.

THE Spanish *juglares*, who wrote ballads of the Carlovingian cycle on
the model of the *chansons de geste*, took strange liberties with the French
names of persons and things. The sword of Roland was called Durendal,
and this sword, south of the Pyrenees, became one of the Twelve Peers,
namely the knight Durandarte, cousin of Montesinos, and Durandarte
was killed in the battle of Roncesvalles. His mistress was named Belerma,
to whom he sent his heart (after the fashion of the Books of Chivalry) by
the hand of Montesinos as he lay dying of his wounds. In the following
ballad it is Durandarte who speaks, addressing his absent lady-love.

ROMANCE DE DURANDARTE

44

"¡Oh Belerma! oh Belerma! — por mi mal fuiste engendrada,
que siete años te serví — sin de ti alcanzar nada;
agora que me querías — muero yo en esta batalla.
No me pesa de mi muerte — aunque temprano me llama;
mas pésame que de verte — y de servirte dejaba.
¡Oh mi primo Montesinos! — lo que agora yo os rogaba,
que cuando yo fuere muerto — y mi ánima arrancada,
vos llevéis mi corazón — adonde Belerma estaba,
y servilda de mi parte, — como de vos yo esperaba,
y traelde a la memoria — dos veces cada semana;
y diréisle que se acuerde — cuán cara que me costaba;
y dalde todas mis tierras — las que yo señoreaba;
pues que yo a ella pierdo, — todo el bien con ella vaya.
¡Montesinos, Montesinos! — ¡mal me aqueja esta lanzada!
el brazo traigo cansado, — y la mano del espada:
traigo grandes las heridas, — mucha sangre derramada,
los extremos tengo fríos, — y el corazón me desmaya,
que ojos que nos vieron ir — nunca nos verán en Francia.
Abracéisme, Montesinos, — que ya se me sale el alma.
De mis ojos ya no veo, — la lengua tengo turbada;
yo vos doy todos mis cargos, — en vos yo los traspasaba."
"El Señor en quien creéis — él oiga vuestra palabra."

Muerto yace Durandarte — al pie de una alta montaña,
llorábalo Montesinos, — que a su muerte se hallara:
quitándole está el almete, — desciñéndole el espada;
hácele la sepultura — con una pequeña daga;
sacábale el corazón, — como él se lo jurara,
para llevar a Belerma, — como él se lo mandara.
Las palabras que le dice — de allá le salen del alma:
"¡Oh mi primo Durandarte! — ¡primo mío de mi alma!
¡espada nunca vencida! — ¡esfuerzo do esfuerzo estaba!
¡quien a vos mató, mi primo, — no sé por qué me dejara!"

Doña Alda, whom the French call La belle Aude, sister of Oliver and
the affianced bride of Roland, is a notable figure in the *Chanson de Roland.*
How the news of his death at Roncesvalles came to her, is the subject
of the following ballad.

Romance de Doña Alda

45

En París está doña Alda — la esposa de don Roldán,
trescientas damas con ella — para la acompañar:
todas visten un vestido, — todas calzan un calzar,
todas comen a una mesa, — todas comían de un pan,
sino era Doña Alda, — que era la mayoral.
Las ciento hilaban oro, — las ciento tejen cendal,
las ciento tañen instrumentos — para Doña Alda holgar.
Al son de los instrumentos — Doña Alda adormido se ha:
ensoñado había un sueño, — un sueño de gran pesar.
Recordó despavorida — y con un pavor muy grande,
los gritos daba tan grandes, — que se oían en la ciudad.
Allí hablaron sus doncellas, — bien oiréis lo que dirán:
"¿Qué es aquesto, mi señora? — ¿quién es el que os hizo mal?"
"Un sueño soñé, doncellas, — que me ha dado gran pesar;
que me veía en un monte — en un desierto lugar:
de so los montes muy altos — un azor vide volar,
tras dél viene una aguililla — que lo ahinca muy mal.
El azor con grande cuita — metióse so mi brial;
el aguililla con grande ira — de allí lo iba a sacar;

con las uñas lo despluma, — con el pico lo deshace."
Allí habló su camarera, — bien oiréis lo que dirá:
"Aquese sueño, señora, — bien os lo entiendo soltar:
el azor es vuestro esposo, — que viene de allén la mar;
el águila sedes vos, — con la cual ha de casar,
y aquel monte es la iglesia — donde os han de velar."
"Si así es, mi camarera, — bien te lo entiendo pagar."
Otro día de mañana — cartas de fuera le traen;
tintas venían de dentro, — de fuera escritas con sangre,
que su Roldán era muerto — en la caza de Roncesvalles

BERNARDO DEL CARPIO, home from the wars, is sent for by his liege lord,
King Alfonso: whom he treats with but scant respect. Carpio, in the
first line of the ballad, is the castle.

EL REY ALFONSO Y BERNARDO

46

Con cartas y mensajeros — el rey al Carpio envió;
Bernaldo, como es discreto, — de traición se receló;
las cartas echó en el suelo — y al mensajero habló:
"Mensajero eres, amigo, — no mereces culpa, no;
mas al rey que acá te envía — dígasle tú esta razón:
que no lo estimo yo a él, — ni aun cuantos con él son;
mas, por ver lo que me quiere, — todavía allá iré yo."
Y mandó juntar los suyos: — de esta suerte les habló:
"Cuatrocientos sois, los míos, — los que comedes mi pan:
los ciento irán al Carpio, — para el Carpio guardar;
los ciento por los caminos, — que a nadie dejen pasar;
doscientos iréis conmigo — para con el rey hablar;
si mala me la dijere — peor se la he de tornar."
Por sus jornadas contadas — a la corte fué a llegar.
"Manténgavos Dios, buen rey, — y a cuantos con vos están."
"Mal vengades vos, Bernaldo, — traidor, hijo de mal padre:
díte yo el Carpio en tenencia, — tú tómaslo de heredad."
"Mentides, el rey, mentides, — que no dices la verdad;
que si yo fuese traidor, — a vos os cabría en parte.
Acordársevos debía — de aquella del Encinal,
cuando gentes extranjeras — allí os trataron tan mal,

que os mataron el caballo, — y aun a vos querían matar.
Bernaldo, como traidor, — de entre ellos os fué a sacar;
allí me distes el Carpio — de juro y de heredad:
prometístesme a mi padre, — no me guardastes verdad."
"Prendeldo, mis caballeros, — que igualado se me ha."
"Aquí, aquí, los mis doscientos, — los que comedes mi pan,
que hoy era venido el día — que honra habemos de ganar."
El rey, de que aquesto viera, — de esta suerte fué a hablar:
"¿Qué ha sido aquesto, Bernaldo, — que así enojado te has?
¿lo que hombre dice de burla — de veras vas a tomar?
Yo te dó el Carpio, Bernaldo, — de juro y de heredad."
"Aquesas burlas, el rey, — no son burlas de burlar;
llamástesme de traidor, — traidor hijo de mal padre:
el Carpio yo no lo quiero, — bien lo podéis vos guardar;
que cuando yo lo quisiere, — muy bien lo sabré ganar."

King Alfonso at last agrees to grant Bernardo's reiterated demand,
and will set his father free. The King, however, has privily sent orders
to the jailers to put the Count to death; and then, mounting the
corpse on horseback, they may deliver him to his son.

Bernardo y su padre

47

Hincado está de rodillas — ese valiente Bernardo
delante el conde su padre — para besarle la mano,
porque el casto rey Alfonso — de merced se lo ha otorgado.
Desque la mano le toma, — frío y muerto le ha hallado,
y con llanto doloroso — desta manera ha hablado:
"¡Oh conde Don Sancho Díaz! — ¡oh buen conde desdichado!
por tener vos tan mal hijo — habéis venido a este estado.
No quiero vivir sin vos; — morirme es más acertado;
no quiero ser español, — ni ser Bernardo llamado,
hasta que vengue tu muerte, — como ya estoy obligado."
Y acabadas las razones, — denodado va a palacio,
en busca del Rey su tío, — que de él quiere ser vengado,
turbado el rostro, furioso, — y el color muy demudado.

La liga contra los franceses

48

Con tres mil y más leoneses — deja la ciudad Bernardo,
que de la perdida Iberia — fué milagroso restauro;
aquella cuya muralla — guarda y dilata en dos campos,
el nombre y altas victorias — de aquel famoso Pelayo.
Los labradores arrojan — de las manos los arados,
las hoces, los azadones; — los pastores los cayados;
los jóvenes se alborozan, — aliéntanse los ancianos,
los inútiles se animan, — fíngense fuertes los flacos,
todos a Bernardo acuden, — libertad apellidando,
que el infame yugo temen — con que los amaga el galo.
"Libres," gritaban, "nacimos, — y a nuestro Rey soberano
pagamos lo que debemos — por el divino mandato.
No permita Dios, ni ordene — que a los decretos de extraños
obliguemos nuestros hijos, — gloria de nuestros pasados:
no están tan flacos los pechos, — ni tan sin vigor los brazos,
ni tan sin sangre las venas, — que consientan tal agravio.
¿El francés ha por ventura — esta tierra conquistado?
¿Victoria sin sangre quiere? — No, mientras tengamos manos.
Podrá decir de leoneses — que murieron peleando,
pero no que se rindieron; — que son al fin castellanos.
Si a la potencia romana — catorce años conquistaron
los valientes numantinos — con tan sangrientos estragos,
¿por qué un reino, y de leones, — que en sangre libia bañaron
sus encarnizadas uñas, — escucha medios tan bajos?
Déles el Rey sus haberes, — mas no les dé sus vasallos;
que en someter voluntades — no tienen los reyes mando."
Con esto Bernardo ordena — sus escuadrones bizarros,
a quien desde una ventana — mira Don Alfonso el Casto.
Como a su sangre le mira, — que le es como sangre grato.
Su gallarda compostura — y valor considerando,
crece por puntos la gente, — de suerte que forma campo;
despuéblase la ciudad, — y los pueblos comarcanos.
Marcha a la ciudad augusta, — cuyos muros baña ufano
el caudal famoso Ebro — del mundo tan celebrado,
do el hijo del Zebedeo — fundó el edificio raro

que ciñe el Santo Pilar, — estribo de nuestro amparo.
Allí Bravonel le aguarda — con el sarraceno bando,
que al rey Marsilio obedece — contra el francés declarado.

GAIFEROS, one of the Twelve Peers, married Julianesa, a daughter of
Charlemagne. She was carried off by the Moors, in a raid, and for seven
years her husband sought her in vain. The following ballad is but a
fragment, all that remains of one much longer belonging to the primitive
Gaiferos group. It is Gaiferos who speaks. The next ballad following
relates how, on a subsequent occasion, he escaped from the captivity of
the Moors.

ROMANCE DE JULIANESA

49

"¡Arriba, canes, arriba! — ¡que rabia mala os mate!
en jueves matáis el puerco — y en viernes coméis la carne.
¡Ay que hoy hace los siete años — que ando por este valle!
pues traigo los pies descalzos, — las uñas corriendo sangre,
pues como las carnes crudas, — y bebo la roja sangre,
buscando triste a Julianesa — la hija del Emperante,
pues me la han tomado moros — mañanica de Sant Juan,
cogiendo rosas y flores — en un vergel de su padre."
Oídolo ha Julianesa, — que en brazos del moro está;
las lágrimas de sus ojos — al moro dan en la faz.

ROMANCE DE DON GAIFEROS

50

Media noche era por filo, — los gallos querían cantar,
cuando el infante Gaiferos — salió de captividad;
muerto deja al carcelero — y a cuantos con él están:
vase por una calle ayuso — como hombre mundanal,
hablando en algarabía — como aquel que bien la sabe.
Íbase para la puerta, — la puerta de la ciudad;
halla las puertas cerradas, — no halla por do botar.
Desque se vido perdido — empezara de llamar:
"¡Ábrasme la puerta, el moro, — sí Alá te guarde de mal!

Mensajero soy del rey, — cartas llevo de mensaje."
Allí hablara el moro, — bien oiréis lo que dirá:
"Si eres mensajero, amigo, — y cartas llevas de mensaje,
esperases tú al día, — y con los otros saldrás."
Desque esto oyera Gaiferos — bien oiréis lo que dirá:
"¡Ábrasme la puerta, el moro, — sí Alá te guarde de mal.
Darte he tres pesantes de oro, — que aquí no traía más."
Oído lo había una morica — que en altas torres está,
dícele de esta manera, — empezóle de hablar:
"Toma los pesantes, moro, — que menester te serán,
la mujer tienes moza, — hijos chicos de criar."
Desque esto oyó el moro — recio se fué a levantar,
las puertas que están cerradas — abriólas de par en par.
Acordósele a Gaiferos — de una espada que trae,
la cabeza de los hombros — derribado se la ha.
Muerto cae el morico, — en el suelo muerto cae.
Desque esto vió la morica — empieza de gritos dar,
ella los daba tan grandes — que al cielo quieren llegar:
"¡Abrasmonte, Abrasmonte, — el señor de este lugar!"
Cuando acuerdan por Gaiferos, — ya estaba en la cristiandad.

MONTESINOS, already mentioned in Ballad 44, was the grandson of
Charlemagne, being the son of a daughter who had married Count
Grimaltos. In La Mancha a series of lakes near Ruidera forms the head
waters of the Guadiana. Two leagues from Ruidera is the Cave of
Montesinos, famous for the adventures therein of Don Quixote. The
castle of Rocafrida, where Rosaflorida lived, who fell in love with
Montesinos—from hearsay—lies adjacent thereto.

Romance de Rosaflorida

51

En Castilla está un castillo, — que se llama Rocafrida;
al castillo llaman Roca, — y a la fonte llaman Frida.
El pie tenía de oro, — y almenas de plata fina;
entre almena y almena — está una piedra zafira;
tanto relumbra de noche — como el sol a mediodía.
Dentro estaba una doncella — que llaman Rosaflorida:

siete condes la demandan, — tres duques de Lombardía;
a todos les desdeñaba, — tanta es su lozanía.
Enamoróse de Montesinos — de oidas, que no de vista.
Una noche estando así, — gritos da Rosaflorida;
oyérala un camarero, — que en su cámara dormía.
"¿Qué es aquesto, mi señora? — ¿qué es esto, Rosaflorida?
o tenedes mal de amores, — o estáis loca sandía."
"Ni yo tengo mal de amores, — ni estoy loca sandía,
mas llevásesme estas cartas — a Francia la bien guarnida;
diéseslas a Montesinos, — la cosa que yo más quería;
dile que me venga a ver — para la Pascua Florida;
darle he yo este mi cuerpo, — el más lindo que hay en Castilla,
si no es él de mi hermana, — que de fuego sea ardida;
y si de mí más quisiere — yo mucho más le daría:
darle he siete castillos — los mejores que hay en Castilla."

THE two following ballads also belong to the Carlovingian cycle. The Infante, a son of Charlemagne, having been prisoner of war at Mérida on the Guadiana, returns home in disguise. He reaches Paris and insults both Roland and Oliver in the church of St John Lateran (supposed to be in Paris) for not having gone forth and effected the ransom of a certain captive among the Moors, who was, said he, their nephew. The Ballad of the Avenging Child, which completes those taken from the Carlovingian cycle, is a remarkable specimen of the old folk-songs of Spain.

ROMANCE DEL PALMERO

52

De Mérida sale el palmero, — de Mérida, esa ciudad:
los pies llevaba descalzos, — las uñas corriendo sangre.
Una esclavina trae rota, — que no valía un real,
y debajo traía otra, — ¡bien valía una ciudad!
que ni rey ni emperador — no alcanzaba otra tal.
Camino lleva derecho — de París, esa ciudad;
ni pregunta por mesón — ni menos por hospital:
pregunta por los palacios — del rey Carlos do está.
Un portero está a la puerta, — empezóle de hablar:

"Dijésesme tú, el portero, — el rey Carlos ¿dónde está?"
El portero que lo vido, — mucho maravillado se ha,
cómo un romero tan pobre — por el rey va a preguntar.
"Digádesmelo, señor, — de eso no tengáis pesar."
"En misa estaba, palmero, — allá en San Juan de Letrán,
que dice misa un arzobispo, — y la oficia un cardenal."
El palmero que lo oyera — íbase para Sant Juan:
en entrando por la puerta — bien veréis lo que hará.
Humillóse a Dios del cielo — y a Santa María su Madre,
humillóse al arzobispo, — humillóse al cardenal
porque decía la misa — no porque merecía más:
humillóse al emperador — y a su corona real,
humillóse a los doce — que a una mesa comen pan.
No se humilla a Oliveros, — ni menos a Don Roldán,
porque un sobrino que tienen — en poder de moros está,
y pudiéndolo hacer — no le van a rescatar.
Desque aquesto vió Oliveros, — desque aquesto vió Roldán,
sacan ambos las espadas — para el palmero se van.
El palmero con su bordón — su cuerpo va a mamparar.
Allí hablara el buen rey — bien oiréis lo que dirá:
"Tate, tate, Oliveros, — tate, tate, Don Roldán,
o este palmero es loco, — o viene de sangre real."
Tomárale por la mano, — y empiézale de hablar:
"Dígasme tú, el palmero, — no me niegues la verdad,
¿en qué año y en qué mes — pasaste aguas de la mar?"
"En el mes de mayo, señor, — yo las fuera a pasar.
Porque yo me estaba un día — a orillas de la mar
en el huerto de mi padre — por haberme de holgar:
captiváronme los moros, — pasáronme allende el mar,
a la infanta de Sansueña — me fuéron a presentar;
la infanta desque me vido — de mí se fué a enamorar.
La vida que yo tenía, — rey, quiero vos la contar.
En la su mesa comía, — y en su cama me iba a echar."
Allí hablara el buen rey, — bien oiréis lo que dirá:
"Tal captividad como esa — quien quiera la tomará.
Dígasme tú, el palmerico, — ¿si la iría yo a ganar?"
"No vades allá, el buen rey, — buen rey, no vades allá,
porque Mérida es muy fuerte, — bien se vos defenderá.
Trescientos castillos tiene, — que es cosa de los mirar,

que el menor de todos ellos — bien se os defenderá."
Allí hablara Oliveros, — allí habló Don Roldán:
"Miente, señor, el palmero, — miente y no dice verdad,
que en Mérida no hay cien castillos, — ni noventa a mi pensar,
y estos que Mérida tiene — no tiene quien los defensar,
que ni tenían señor, — ni menos quien los guardar."
Desque aquesto oyó el palmero — movido con gran pesar,
alzó su mano derecha, — dió un bofetón a Roldán.
Allí hablara el rey — con furia y con gran pesar:
"Tomalde, la mi justicia, — y llevédeslo ahorcar."
Tomádolo ha la justicia — para habello de justiciar;
y aun allá al pie de la horca — el palmero fuera hablar:
"¡Oh mal hubieses, rey Carlos! — Dios te quiera hacer mal,
que un hijo solo que tienes — tú le mandas ahorcar."
Oídolo había la reina, — que se le paró a mirar:
"Dejédeslo, la justicia, — no le queráis hacer mal,
que si él era mi hijo — encubrir no se podrá,
que en un lado ha de tener — un extremado lunar."
Ya le llevan a la reina, — ya se lo van a llevar:
desnúdanle una esclavina — que no valía un real;
ya le desnudaban otra — que valía una ciudad:
halládole han al infante, — halládole han la señal.
Alegrías se hicieron — no hay quien las pueda contar.

ROMANCE DEL INFANTE VENGADOR

53

¡Hélo, hélo, por do viene — el infante vengador,
caballero a la gineta — en un caballo corredor,
su manto revuelto al brazo, — demudada la color,
y en la su mano derecha — un venablo cortador.
Con la punta del venablo — sacarían un arador.
Siete veces fué templado — en la sangre de un dragón,
y otras tantas fué afilado — porque cortase mejor:
el hierro fué hecho en Francia, — y el asta en Aragón:
perfilándoselo iba — en las alas de su halcón.
Iba buscar a Don Cuadros, — a Don Cuadros el traidor,
allá le fuera a hallar — junto al emperador:

la vara tiene en la mano, — que era justicia mayor.
Siete veces lo pensaba, — si lo tiraría o no,
y al cabo de las ocho — el venablo le arrojó.
Por dar al dicho Don Cuadros — dado ha al emperador:
pasado le ha manto y sayo — que era de un tornasol:
por el suelo ladrillado — más de un palmo le metió.
Allí le habló el rey — bien oiréis lo que habló:
"¿Por qué me tiraste, infante? — ¿por qué me tiras, traidor?"
"Perdóneme tu Alteza, — que no tiraba a ti, no:
tiraba al traidor de Cuadros, — ese falso engañador,
que siete hermanos tenía, — no ha dejado, si a mí no:
por eso delante de ti, — buen rey, lo desafío yo."
Todos fían a Don Cuadros, — y al infante no fían, no,
si no fuera una doncella, — hija es del emperador,
que los tomó por la mano, — y en el campo los metió.
A los primeros encuentros — Cuadros en tierra cayó.
Apéarase el infante, — la cabeza le cortó,
y tomárala en su lanza, — y al buen rey la presentó.
De que aquesto vido el rey — con su hija le casó.

BALLADS OF FERNÁN GONZÁLEZ, COUNT OF CASTILE

In the first half of the 10th century Castile was still a county, extending between the kingdom of Leon on the west (to which it paid allegiance) and the kingdom of Navarre on the north-east. The Count of Castile at this time was Fernán González, who played the part of "king-maker" during the reign of Ramiro II (930), and of his two sons, Ordoño III (950) and Sancho the Fat (955 to 967), who in turn succeeded him as kings of Leon. The Count was the popular hero: he drove back the Moors and worsted the great Almanzor in battle: and stood to be the protector of the poor.

ROMANCE DEL CONDE FERNÁN GONZÁLEZ

54

"Buen conde Hernán González — el rey envía por vos,
que vades a las sus cortes — que se hacen en León;
que si vos allá vais, conde, — dar os han buen galardón:
daros han a Palenzuela — y a Palencia la mayor,
daros han a Torquemada — la torre de Mormojón,
os dará las nuevas villas — con ellas a Carrión;
buen conde, si allá no ides — dar os ían por traidor."
Allí hablara el buen conde — y dixera esta razón:
"Mensajero eres, amigo, — no mereces culpa, no;
que yo no he miedo al rey — ni a cuantos con él son:
villas y castillos tengo — todos a mi mandar son,
dellos me dexó mi padre — dellos me tenía yo;
las que me dexó mi padre — poblélas de ricos hombres,
las que me ganara yo — poblélas de labradores;
quien no tenía más de un buey — dábale otro, que eran dos;
todos los días del mundo — por mí hacen oración:
no lo hacen por el rey, — que no lo merece, no."

THE Count, when hunting, comes by chance on the hermitage of the monk Pelayo; where afterwards came to be erected the shrine of San Pedro de Arlanza. From Pelayo's lips he hears the prophecy of the future in store for him, namely as to his great victory over Almanzor and the portent of the engulfed warriors (a reminiscence of Quintus— better Marcus—Curtius), which shall ensure success to the Christian arms.

SAN PEDRO DE ARLANZA

55

El conde Fernán González — cabe la villa de Lara,
mientra la gente se junta — sálese a buscar la caza.
Dentro en los robles del monte — un puerco se levantara,
tras él arremete el conde — de los suyos se alejaba.
Como el puerco corre mucho — el conde le va de zaga.
En la mayor espesura — con una ermita topara:
cubierta estaba de yedra, — de muy gran tiempo olvidada.
Por una pequeña puerta — el puerco dentro se entraba.
No puede el conde seguirlo — que el caballo le estorbaba;
era tan espeso el monte — que apenas se meneaba.
Saltando el conde en el suelo — metió la mano en la espada,
revolvió su manto al brazo — dentro en la ermita se entraba;
mas el puerco se acoge — cabe un altar que allí estaba.
No quiso el conde ferirlo, — mas de hinoyos se fincaba.
Estando oración haciendo, — un monje viejo asomaba
con un rosario en la mano, — y una vestidura blanca;
la barba tiene crecida, — pelada tiene la calva,
descalzos lleva los pies, — y arrimado a una cayada.
Palabras que al conde dice — pena le dan en el alma.
"Buen conde Fernán González — el rey Almanzor te aguarda.
Déjate de montear, — vete a darle la batalla
que será muy bien ferida — mucha sangre derramada:
ciento trae para uno, — ¡Dios sea, conde, en tu guarda!
Lo que en ella te viniere — sonará por toda España.
Sólo te sabré decir — que es mucha tu buena andanza:
una señal verás, conde, — que te temblará la barba,
sabe que tus caballeros — desmayarán en mirarla.
Dos veces has de ser preso; — tu mujer llamarse ha Sancha;

vete, buen conde, a los tuyos — que por ti lloran en Lara.
Si bien vinieron tus hechos, — acuérdate desta casa."
El conde que al monje escucha, — no le responde palabra;
mas despidiéndose dél — a los suyos se tornaba.
Recíbenlo alegremente; — mételos en ordenanza.
Ya llega el rey Almanzor — para darle la batalla.
El conde cuenta su gente, — muy poco número halla.
Poniéndola en un tropel, — a los moros esperaba:
cuando un caballero suyo — delante todos pasaba,
arremetiendo el caballo — en ristre pone la lanza;
corriendo va por el campo; — ambas huestes le miraban:
la tierra se abrió con él — y dentro de sí lo traga;
luego se tornó a juntar, — como si nada pasara.
Desque esto el buen conde vido — sus caballeros miraba;
todos los vió desmayados, — el más fuerte flaco estaba.
El conde que los vió así, — desta manera les habla:
"Caballeros castellanos, — ¿cómo el corazón os falta
por un agüero como este? — Vergüenza es ver que os desmaya;
pues la tierra no nos sufre, — ¿quién nos sufrirá en batalla?
A ellos, amigos míos, — ninguno no se os vaya."
Da de espuelas al caballo, — entre los moros se lanza.
Tanto hizo con los suyos, — que vencedores quedaban.
En el despojo del campo — muchos tesoros hallaban.
Su parte dió el conde al monje — por que una iglesia hagan:
la cual se hizo después, — que fué Sant Pedro de Arlanza.

THE Count was twice married, the first time to Doña Urraca, by whom
he had a daughter, Urraca: and King Ramiro of Leon caused his heir
Ordoño to marry this lady, though, when he became king, Ordoño
repudiated her. The Count's second marriage was to Sancha, daughter
of García (or Garci-Sánchez) King of Navarre, and sister of Teresa
(or Theuda) wife of King Ramiro of Leon. The two following ballads
relate to this second marriage. When Fernán González went wooing
the Infanta of Navarre, her father, disliking the match, made the Count
prisoner, and shut him up in one of his castles. The Infanta, however,
took the matter into her own hands, and effected his escape—as related
in the first of the two following ballads. The Count appears to have
made his peace with Navarre, but some time after his marriage he was
thrown into prison at Leon by King Sancho the Fat: and how his wife

the Countess Sancha (aunt on the mother's side to King Sancho)
succeeded again in compassing his escape dressed up in her, his wife's,
clothes is the subject of the last ballad.

La prisión del conde

56

Preso está Fernán González — el gran conde de Castilla;
tiénelo el rey de Navarra — maltratado a maravilla.
Vino allí un conde normando — que pasaba en romería;
supo que este hombre famoso — en cárceles padecía.
Fuése para Castroviejo, — donde el conde residía;
dádivas daba al alcaide — si dejar velle quería:
el alcaide fué contento — y las prisiones le abría.
Mucho los condes hablaron; — el normando se salía:
fuése donde estaba el rey — con lo que pensado había.
Procuró ver a la infanta, — que era fermosa y cumplida,
animosa y muy discreta, — de persona muy crecida.
Tanto procura de vella, — que esto le hablara un día:
"Dios vos lo perdone, infanta, — Dios, también Santa María,
que por vos se pierde un hombre, — el mejor que se sabía:
por vos se causa gran daño, — por vos se pierde Castilla,
los moros entran en ella — por no ver quien la regía,
que por veros muere preso; — por amor de vos moría;
¡mal pagáis amor, infanta, — a quien tanto en vos confía!
Si no remediáis al conde — seréis muy aborrecida,
y si por vos saliese — seréis reina de Castilla."
Tan bien le habla el normando, — que a la infanta enternecía;
determina de liballo — si por mujer la quería.
El conde se lo promete, — a vello la infanta iba.
"No temáis," dijo, "señor, — que yo os daré la salida."
Y engañando aquel alcaide, — salen los dos de la villa.
Toda la noche anduvieron — hasta que el alba reía.
Escondidos en un bosque, — un arcipreste los vía,
que venía andando a caza — con un azor que traía.
Amenázalos con muerte, — si la infanta no ofrecía
de folgar allí con ella, — si no, que al rey los traería.
El conde, más cruda muerte — quisiera, que lo que oía;
pero la discreta infanta, — dando esfuerzo, le decía:

"Por vuestra vida, señor, — más que esto hacer debría,
que no se sabrá esta afrenta — ni se dirá en esta vida."
Priesa daba el arcipreste, — y amenaza todavía:
con grillos estaba el conde — y sin armas se veía;
mas viendo que era forzado, — como puede se desvía.
Apártala el arcipreste; — de la mano la traía,
y cuando abrazalla quiso, — ella de él muy fuerte huía:
los brazos le ha embarazado, — socorro al conde pedía,
el cual vino apresurado, — aunque correr no podía:
quitádole ha al arcipreste — un cuchillo que traía,
y con él le diera el pago — que su aleve merecía.
Ayudándole la infanta, — camina todo aquel día;
a la bajada de un puente — ven muy gran caballería;
gran miedo tienen en vella, — porque creen que el rey la envía.
La infanta tiembla y se muere, — en el monte se escondía;
mas el conde, más mirando, — daba voces de alegría:
"Salid, salid, Doña Sancha, — ved el pendón de Castilla,
míos son los caballeros — que a mi socorro venían."
La infanta con gran placer — a vellos luego salía.
Conocidos de los suyos, — con alarido venían:
"Castilla," vienen diciendo, — "cumplida es la jura hoy día."
A los dos besan la mano, — a caballo los subían,
así los traen en salvo — al condado de Castilla.

EL CONDE Y SU CONDESA

57

Preso está Fernán González, — el buen conde castellano;
prendiólo Don Sancho Ordóñez, — porque no le ha tributado.
En una torre en León — lo tienen a buen recaudo.
Rogaban por él al rey — muchas personas de estado,
y también por él rogaba — ese monje fray Pelayo;
mas el rey, con grande enojo, — nunca quisiera soltallo.
Sabiéndolo la condesa, — determina ir a sacallo:
cabalgando en una mula, — como siempre lo ha usado,
consigo lleva dos dueñas, — y dos escuderos ancianos.
Lleva en su retaguardia — trescientos hijosdalgo
armados de todas armas, — cada uno buen caballo.

Todos llevan hecho voto — de morir en demandarlo,
y de no volver a Burgos — hasta morir o librarlo.
Caminan para León — contino por despoblado:
mas cerca de la ciudad — en un monte se han entrado.
La condesa, como es sabia, — mandó ensillar un caballo,
y mandóle a un escudero — que al conde quede aguardando,
y que en siendo salido — se lo dé, y le ponga en salvo.
La condesa con las dueñas — en la ciudad se ha entrado:
como viene de camino, — vase derecho al palacio.
Así como el rey la vido, — a ella se ha levantado.
"¿Dónde bueno, vais condesa?" — "Señor, voy a Santiago,
y víneme por aquí — para besaros las manos.
Suplícoos me déis licencia — para al conde visitar."
"Que me place," dijo el rey, — "pláceme de voluntad.
Llévenla luego a la torre — donde el conde preso está."
Por amor de la condesa — las prisiones quitádole han.
Desde a rato que llegó, — la condesa le fué a hablar:
"Levantáos luego, señor — no es tiempo de echado estar:
y vestíos estas mis ropas, — y tocáos vos mis tocados,
y junto con esas dueñas — os salí acompañado,
y en saliendo, que salgáis, — hallaréis vuestro caballo;
iros héis para el monte, — do está la gente aguardando.
Yo me quedaré aquí — hasta ver vuestro mandado."
Al conde le pareció — que era bien aconsejado;
vístese las ropas de ella, — largas tocas se ha tocado.
Las dueñas son avisadas, — a las guardas han llamado;
las guardas estaban prestas, — quitan de presto el candado;
salen las dueñas, y el conde; — nadie los había mirado.
Dijo una dueña a las guardas — que la andaban rodeando:
"Por tener larga jornada — hemos madrugado tanto."
Y así se partieron de ellas — sin sospecha ni cuidado.
Luego que fuera salieron, — halló el conde su caballo,
el cual tomó su camino — para el monte señalado.
Las dueñas y el escudero — hasta el día han aguardado:
subídose han a la torre — do la condesa ha quedado.
Las guardas, desque las vieron, — mucho se han maravillado.
"Decí, ¿a qué subís señoras, — háseos acá olvidado algo?"
"Abrí, veréis lo que queda, — porque llevemos recaudo."
Como las guardas abrieron, — a la condesa han hallado.

Como la condesa vido — que las dueñas han tornado:
"Id, decíd al señor rey, — que aquí estoy a su mandado,
que haga en mí la justicia, — que el conde ya está librado."
Como aquesto supo el rey, — hallóse muy espantado:
tuvo en mucho a la condesa — saber hacer tal engaño.
Luego la manda sacar, — y dalle todo recaudo,
y envióla luego al conde: — muchos la han acompañado.
El conde, desque la vido, — holgóse en extremo grado,
enviado ha decir al rey, — que pues tan bien lo ha mirado,
que le mandase pagar — la del azor y el caballo,
si no, que lo pediría — con la espada en la mano.
Todo por el rey sabido, — su consejo ha tomado;
sumaba tanto la paga, — que no pudo numerallo;
así que, todo bien visto, — fué por el rey acordado
de le soltar el tributo — que el conde le era obligado.
De esta manera el buen conde — a Castilla ha libertado.

BALLADS OF THE INFANTES OF LARA

THE tragic story of the Seven Infantes of Lara is famous throughout Spain: and the happenings took place in Old Castile during the reign of Bermudo II, King of Leon (982–999), surnamed the Gouty. The King had for many years paid tribute to the Caliph at Cordova, Hishám II, whose chamberlain was the great Almanzor, and he governed all Moslem Spain in the Caliph's name. Ruy Velázquez, otherwise known as Don Rodrigo de Lara, was related to the Counts of Castile, and he married, in 985, Doña Lambra. At the wedding feast there were present as guests his brother-in-law Gonzalo Gustios (or Gustos), Lord of Salas de Lara, with his wife, Doña Sancha (sister of Don Rodrigo), and their seven sons, the Infantes of Lara. The youngest of these brothers, named Gonzalo after his father, gave his aunt Doña Lambra great offence—the nature of the insult and the events leading up to the family dispute are variously given in the many ballads and in the Spanish histories—but harmony was ultimately established, and peace outwardly made between aunt and nephew, before the departure of the guests.

ROMANCE DE DON RODRIGO DE LARA

58

¡Ay Dios, qué buen caballero — fué Don Rodrigo de Lara,
que mató cinco mil moros — con trescientos que llevaba!
Si aqueste muriera entonces, — ¡qué gran fama que dejara!
no matara a sus sobrinos — los siete infantes de Lara, .
ni vendiera sus cabezas — al moro que las llevaba.
Ya se trataban sus bodas — con la linda Doña Lambra:
las bodas se hacen en Burgos, — las tornabodas en Salas:
las bodas y tornabodas — duraron siete semanas;
las bodas fueron muy buenas, — mas las tornabodas malas.
Ya convidan por Castilla, — por Castilla y por Navarra:
tanta viene de la gente, — que no hallaban posadas,
y aun faltan por venir — los siete infantes de Lara.
Hélos, hélos por do vienen — por aquella vega llana;
sálelos a recebir — la su madre Doña Sancha.
"Bien vengades, los mis hijos, — buena sea vuestra llegada."
"Nora buena estéis, señora, — nuestra madre Doña Sancha."

Ellos le besan las manos, — ella a ellos en la cara.
"Huelgo de veros a todos, — que ninguno no faltaba,
y más a vos, Gonzalvico, — porque a vos mucho amaba.
Tornad a cabalgar, hijos, — y tomedes vuestras armas,
y allá iréis a posar — al barrio de Cantaranas.
Por Dios os ruego, mis hijos, — no salgáis de las posadas,
porque en semejantes fiestas — se urden buenas lanzadas."
Ya cabalgan los infantes — y se van a sus posadas;
hallaron las mesas puestas — y viandas aparejadas.
Después que hubieron comido — pidieron juego de tablas,
si no fuera Gonzalvico, — que su caballo demanda.
Muy bien puesto en la silla — se sale para la plaza,
y halló a Don Rodrigo — que a una torre tira varas,
con una fuerza crecida — a la otra parte pasa.
Gonzalvico que esto viera, — las suyas también tirara:
las suyas pesan muy mucho, — a lo alto no llegaban.
Cuando esto vió Doña Lambra, — de esta manera hablara:
"Adamad, dueñas, amad — cada cual de buena gana,
que más vale un caballero — que cuatro de los de Salas."
Cuando esto oyó Doña Sancha, — respondió muy enojada:
"Calledes vós, Doña Lambra, — no digáis la tal palabra;
si los infantes lo saben, — ante ti lo matarán."
"Callases tú, Doña Sancha, — que tienes por qué callar,
que pariste siete hijos, — como puerca en muladar."
Gonzalvico, que esto oyera, — esta respuesta le da:
"Yo te cortaré las faldas — por vergonzoso lugar,
por cima de las rodillas — un palmo y mucho más."
Al llanto de Doña Lambra — Don Rodrigo fué a llegar:
"¿Qué es aquesto, Doña Lambra?—¿quién te ha querido enojar?
Si me lo dices, yo entiendo — de te lo muy bien vengar,
porque a dueña tal cual vos — todos la deben honrar."

FOR the moment Doña Lambra made show of being appeased, but she
sought to be avenged on her seven froward nephews, and she compassed
guile against their father Gonzalo Gustios. She prevailed on her
husband Rodrigo de Lara to commission Gustios his brother-in-law
to journey for him to Cordova in order to recover certain moneys, but
secretly Rodrigo sent word to Almanzor begging that Gustios might
be put to death. Instead of killing him, as requested, Almanzor threw

Gustios into prison; and thereupon, years passing, Rodrigo urged the sons of Gustios, the Seven Infantes, to lead a foray into the Moslem country, by way of protest against their father's captivity. Rodrigo came with them, purposely misled them, and the Seven Infantes with their *Ayo* (tutor or guardian) fell into an ambush of the Infidels. These last had of course received information of the raid from Rodrigo, who now returned home satisfied with his vengeance. A hill, two leagues from Cordova, is still shown by the people as the place where the Infantes of Lara were slain.

LOS SIETE INFANTES DE LARA

59

¿Quién es aquel caballero — que tan gran traición hacía?
Ruy Velázquez es de Lara, — que a sus sobrinos vendía.
En el campo de Almenar — a los infantes decía
que fuesen a correr moros, — que él los acorrería;
que habríen muy gran ganancia, — muchos captivos traerían.
Ellos en aquesto estando — grandes gentes parecían;
más de diez mil son los moros, — las señas traen tendidas.
Los infantes le preguntan — qué gente es la que venía.
"No hayáis miedo, mis sobrinos," — Ruy Velázquez respondía,
"todos son moros astrosos, — moros de poca valía,
que viendo que vais a ellos, — a huir luego echarían;
que si ellos vos aguardan, — yo en vuestro socorro iría:
corrílos yo muchas veces, — ninguno lo defendía.
A ellos id, mis sobrinos, — no mostredes cobardía."
¡Palabras son engañosas — y de muy grande falsía!
Los infantes como buenos — con moros arremetían;
caballeros son doscientos — los que su guarda seguían.
Él a furto de cristianos — a los moros se venía.
Díjoles que sus sobrinos — no escape ninguno a vida,
que les corten las cabezas, — que él no los defendería.
Doscientos hombres, no más — llevaban en compañía.
Don Nuño que ir los vido, — oído había por su espía,
y cuando oyó las palabras — que a los moros les decía,
daba muy grandes las voces — que en el cielo las ponía. .
"¡Oh Ruy Velázquez traidor, — el mayor que ser podría:
¿A tus sobrinos infantes — a la muerte los traías?

Mientras el mundo durare — durará tu alevosía,
y la falsedad que has hecho — contra la tu sangre misma."
Después que esto hobo dicho — a los infantes volvía,
díjoles: "Armáos, mis hijos, — que vuestro tío os vendía:
de consuno es con los moros, — ya concertado te ía
que os maten a todos juntos." — Ellos armáronse aína:
las quince huestes de moros — a todos cerco ponían;
Don Nuño, que era su ayo, — gran esfuerzo les ponía:
"Esforzáos, no temades, — haced lo que yo hacía:
a Dios yo vos encomiendo, — mostrad vuestra valentía."
En la delantera haz — Don Nuño herido había,
mató muchos de los moros, — mas a él muerto lo habían.
Los infantes arremeten — con la su caballería:
mezcláronse con los moros, — a muchos quitan la vida.
Los cristianos eran pocos, — veinte para uno había;
mataron a los cristianos, — que a vida ninguno finca;
solos quedan los hermanos, — que ninguna ayuda habían.
Encomendáronse a Dios, — *Santiago, valme,* decían:
firieron, recio en los moros, — gran matanza les hacían;
no osan estar delante — que gran braveza traían.
Fernán González menor — a sus hermanos decía:
"Esforzad, los mis hermanos, — lidiemos con valentía,
mostremos gran corazón — contra aquesta morería.
Ya no habemos ayuda, — solo Dios darla podía;
ya murió Nuño Salido, — y nuestra caballería;
venguémoslos o muramos, — nadie muestre cobardía.
Que desque estemos cansados — esta sierra nos valdría."
Volvieron a pelear, — ¡oh qué reciamente lidían!
muchos matan de los moros, — a otros muchos herían;
muerto han a Fernán González, — seis solos quedado habían.
Cansados ya de lidiar, — a la sierra se subían;
limpiáronse los sus rostros, — que sangre y polvo teñían.

LA MUERTE DE LOS INFANTES

60

Saliendo de Canicosa — por el val de Arabiana,
donde Don Rodrigo espera — los hijos de la su hermana,
por campo de Palomares — vió venir muy gran compaña,
muchas armas reluciendo, — mucha adarga bien labrada,
mucho caballo lijero, — mucha lanza relumbraba,
mucho estandarte y bandera — por los aires revolaba.
La seña que viene en ellas — es media luna cortada;
Alá traen por apellido, — a Mahoma a voces llaman;
tan altos daban los gritos, — que los campos resonaban;
lo que las voces decían, — grande mal significaban:
"¡Mueran, mueran," van diciendo, — "los siete infantes de
    Lara!
¡Venguemos a Don Rodrigo, — pues que tiene de ellos saña!"
Allí está Nuño Salido, — el ayo que los criara;
como vee la gran morisma, — de esta manera les habla:
"¡Oh los mis amados hijos! — ¡quién vivo no se hallara
por no ver tan gran dolor — como agora se esperaba!
Si no os hubiera criado, — no sintiera tanta rabia;
mas quiéroos tanto, mis hijos, — que se me arrancaba el alma.
¡Ciertamente nuestra muerte — está bien aparejada!
No podemos escapar — de tanta gente pagana.
Vendamos bien nuestros cuerpos, — y miremos por las almas:
peleemos como buenos, — las muertes queden vengadas;
ya que lleven nuestras vidas, — que las dejen bien pagadas.
No nos pese de la muerte, — pues va tan bien empleada,
pues morimos todos juntos — como buenos, en batalla."
Como los moros se acercan, — a cada uno por sí abraza;
cuando llega a Gonzalvico, — en la cara le besara:
"¡Hijo Gonzalo González; — de lo que más me pesaba
es de lo que sentirá — vuestra madre Doña Sancha!
érades su claro espejo; — más que a todos os amaba."
En esto los moros llegan, — traban con ellos batalla,
los infantes los reciben — con sus adargas y lanzas.
"Santiago, Santiago," — a grandes voces llamaban:
matan infinitos moros; — mas todos allí quedaran.

THE captain of the Moorish foray brings in to Cordova the seven heads of the Infantes, together with an eighth, that of their *Ayo*, Nuño Salido. Almanzor orders them to be set up on a board, and their father, the captive Gustios, is brought out of prison to recognise them. Almanzor in mercy afterwards releases Gustios, sending him home to Salas; and, unknown to him, shortly after his departure, Mudarra is born.

ROMANCE DE LAS SIETE CABEZAS

61

Pártese el moro Alicante — víspera de Sant Cebrián;
ocho cabezas llevaba, — todas de hombres de alta sangre.
Sábelo el rey Almanzor, — a recebírselo sale;
aunque perdió muchos moros, — piensa en esto bien ganar.
Manda hacer un tablado — para mejor las mirar,
mandó traer un cristiano — que estaba en captividad.
Como ante sí lo trujeron — empezóle de hablar,
díjole: "Gonzalo Gustos, — mira quién conocerás;
que lidiaron mis poderes — en el campo de Almenar:
sacaron ocho cabezas, — todas son de gran linaje."
Respondió Gonzalo Gustos: — "Presto os diré la verdad."
Y limpiándoles la sangre, — asaz se fuera a turbar;
dijo llorando agramente: — "¡Conóscolas por mi mal!
la una es de mi carillo; — ¡las otras me duelen más!
de los infantes de Lara — son, mis hijos naturales."
Así razona con ellos, — como si vivos hablasen:
"¡Dios os salve, el mi compadre, — el mi amigo leal!
¿Adónde son los mis hijos — que yo os quise encomendar?
Muerto sois como buen hombre, — como hombre de fiar."
Tomara otra cabeza — del hijo mayor de edad:
"Sálveos Dios, Diego González, — hombre de muy gran bondad,
del conde Fernán González — alférez el principal:
a vos amaba yo mucho, — que me habíades de heredar."
Alimpiándola con lágrimas — volviérala a su lugar,
y toma la del segundo, — Martín Gómez que llamaban:
"Dios os perdone, el mi hijo, — hijo que mucho preciaba;
jugador era de tablas — el mejor de toda España,
mesurado caballero, — muy buen hablador en plaza."
Y dejándola llorando, — la del tercero tomaba:

"Hijo Suero Gustos, — todo el mundo os estimaba;
el rey os tuviera en mucho, — sólo para la su caza:
gran caballero esforzado, — muy buen bracero a ventaja.
¡Ruy Gómez vuestro tío — estas bodas ordenara!"
Y tomando la del cuarto, — lasamente la miraba.
"¡Oh hijo Fernán González, — (nombre del mejor de España,
del buen Conde de Castilla, — aquel que vos baptizara)
matador de puerco espín, — amigo de gran compaña!
nunca con gente de poco — os vieran en alianza."
Tomó la de Ruy Gómez, — de corazón la abrazaba:
"¡Hijo mío, hijo mío! — ¿quién como vos se hallara?
nunca le oyeron mentira, — nunca por oro ni plata;
animoso, buen guerrero, — muy gran feridor de espada,
que a quien dábades de lleno — tullido o muerto quedaba."
Tomando la del menor, — el dolor se le doblara:
"¡Hijo Gonzalo González! —¡Los ojos de Doña Sancha!
¡Qué nuevas irán a ella — que a vos más que a todos ama!
Tan apuesto de persona, — decidor bueno entre damas,
repartidor en su haber, — aventajado en la lanza.
Mejor fuera la mi muerte — que ver tan triste jornada!"
Al duelo que el viejo hace, — toda Córdoba lloraba.
El rey Almanzor cuidoso — consigo se lo llevaba,
y mandó a una morica — lo sirviese muy de gana.
Esta le torna en prisiones, — y con hambre le curaba.
Hermana era del rey, — doncella moza y lozana;
con esta Gonzalo Gustos — vino a perder su saña,
que de ella le nació un hijo — que a los hermanos vengara.

Don Gonzalo Gustios, during the years of his captivity in Cordova, had found solace in the love of Almanzor's sister; and a son had been born (as already said, after his father's departure) who was named Mudarra. Mudarra when fourteen years of age, having no news of his father, who had died not long after his return to Salas, is persuaded by his mother to go to Christian lands to seek news of him. He hears of his death, learns the history of his captivity, and how his seven half-brothers had been done to death, the victims of the plot of their uncle Don Rodrigo (Ruy Velázquez). He seeks out Don Rodrigo to avenge them, and the encounter is narrated in the following ballad.

ROMANCE DE DON RODRIGO DE LARA

62

A cazar va Don Rodrigo, — y aun Don Rodrigo de Lara:
con la gran siesta que hace — arrimádose ha a una haya,
maldiciendo a Mudarrillo, — hijo de la renegada,
que si a las manos le hubiese, — que le sacaría el alma.
Él señor estando en esto — Mudarrillo que asomaba:
"Dios te salve, caballero, — debajo la verde haya."
"Así haga a ti, escudero, — buena sea tu llegada."
"Dígasme tú, el caballero, — ¿cómo era la tu gracia?"
"A mí dicen Don Rodrigo, — y aun Don Rodrigo de Lara,
cuñado de Gonzalo Gustos, — hermano de Doña Sancha;
por sobrinos me los hube — los siete infantes de Salas.
Espero aquí a Mudarrillo, — hijo de la renegada;
si delante lo tuviese, — yo le sacaría el alma."
"Si a ti dicen Don Rodrigo, — y aun Don Rodrigo de Lara,
a mí Mudarra Gonzales, — hijo de la renegada,
de Gonzalo Gustos hijo, — y alnado de Doña Sancha:
por hermanos me los hube — los siete infantes de Salas:
tú los vendiste, traidor, — en el val de Arabiana;
mas si Dios a mí me ayuda, — aquí dejarás el alma."
"Espéresme, Don Gonzalo, — iré a tomar las mis armas."
"El espera que tú diste — a los infantes de Lara:
aquí morirás, traidor, — enemigo de Doña Sancha."

THE MARRIAGE OF THE PRINCESS TERESA

WHAT might be considered as one of the earliest of the Moorish Ballads is the following, which deals with the marriage, against her will, of a Christian princess with a Moslem prince. The lady in question was Teresa, sister of Alfonso V of Leon (999 to 1027), and aunt of Sancha heiress of Leon who, married to Ferdinand I of Castile (El Magno), became the mother of Sancho II and Alfonso VI, who (as will be seen later) figure so prominently in the ballads of the Cid. It is certain, however, that the Moslem whom the Infanta Teresa was forced to marry was not Audalla (Abd-Allah) King of Toledo, but was the great Almanzor, already mentioned in the foregoing ballads. His death, which occurred in 1002, was not brought about as the *romance* piously would have us to believe, and Doña Teresa went back to Leon, dying at Oviedo in 1039. Apparently she was not the only Christian princess whom Almanzor had to wife. About the year 985 Sancho Abarca, King of Navarre (or it may have been King Sancho I of Castile), gave one of his daughters to Almanzor in marriage, but this princess must have embraced Islam, for the historian Ibn-al-Khatíb states that she became the favourite wife of Almanzor, "surpassing all his other wives in religion and excellence": and she bore him a son Sanchol (so-named after his maternal grandfather) who played a notable part in the later history of the Caliphate of Cordova.

LA PRINCESA DOÑA TERESA

63

En los reinos de León — el Quinto Alfonso reinaba:
una hermana tiene el rey; — Doña Teresa se llama.
Audalla, rey de Toledo, — por mujer se la demanda,
y el rey con muy mal consejo — lo que le pide otorgaba.
Movióse el rey a hacerlo — porque el moro le ayudaba
contra otros reyes moros — de quien él se recelaba.
Mucho a la infanta le pesa — en se ver tan denostada,
de la casar con un moro, — siendo la infanta cristiana.
No lo aprovechan con el rey — las lágrimas que lloraba,
ni los ruegos que le ruegan — para revocar la manda.

El rey la envió a Toledo — adonde Audalla estaba:
recibióla bien el moro; — en la ver mucho se holgaba.
Procuró de haber su amor; — quiere gozar de la infanta:
ella con crecido enojo — aquesta razón hablaba:
"Yo te digo que no llegues — a mí, porque soy cristiana,
y tú, moro, de otra ley — de la mía muy lejana.
No quiero tu compañía, — tu vista no me agradaba;
si pones manos en mí, — y de ti soy deshonrada,
el ángel de Jesucristo, — a quien él me ha dado en guarda,
herirá ese tu cuerpo, — con su muy tajante espada."
No se le dió nada el moro — de lo que la infanta hablaba:
cumplió en ella su querer, — dueña el moro la tornaba.
Dende a muy poco rato — el ángel de Dios lo llaga:
dióle grande enfermidad, — sobre el moro cae gran plaga.
Cuidó el rey ser della muerto, — y que de tal mal no escapa:
llamó a sus ricos-hombres, — con la infanta los enviaba
a León, donde está Alfonso: — gran presente le llevaban
de oro y piedras preciosas, — que en gran valor estimaban.
Llegados son a León, — la infanta monja se entraba,
do vivió sirviendo a Dios — honesta vida, muy santa,
en aquese monasterio, — el que de las Huelgas llaman.

BALLADS OF THE CID

Ruy Díaz (Rodrigo son of Diego), afterwards called the Cid, a title given to him by his Moorish friends (*Sayyid* meaning 'Master' in Arabic), was born at Bivar, near Burgos, in or about the year 1040, the exact date as yet unknown. His father Diego Laínez, who was old, had received an affront from Count Gómez de Gormaz, nicknamed Lozano (the Robust); the young Cid took up his father's quarrel and killed Lozano Gómez. At this period Castile had ceased to be a county, having become a kingdom under Ferdinand I surnamed El Magno (second son of Sancho the Great of Navarre, who died in 1033), and he had married Sancha, heiress of Leon, sister of the childless king Bermudo III. Thus becoming king of Castile and Leon, Ferdinand shortly afterwards added both Galicia and Spanish Navarre to his possessions. In the following Cid ballads two points are specially noteworthy. First,

> Castellanos y leoneses — tienen grandes divisiones

is the line with which one of the *romances* begins; and for the next two centuries, and even later, there was always politically the rivalry between Castile and Leon to be counted with ; in which, be it noted in passing, the Cid valiantly stood for Castile during all his life's term. The second characteristic point in these Cid ballads is the marked disrespect in which the Castilian nobles of that day held their king, this constantly manifesting itself in acts of aggressive independence.

El Cid besa las manos al rey

64

Cabalga Diego Laínez — al buen rey besar la mano;
consigo se los llevaba — los trescientos hijosdalgo.
Entre ellos iba Rodrigo — el soberbio castellano;
todos cabalgan a mula, — solo Rodrigo a caballo;
todos visten oro y seda, — Rodrigo va bien armado;
todos espadas ceñidas, — Rodrigo estoque dorado;
todos con sendas varicas, — Rodrigo lanza en la mano;
todos guantes olorosos, — Rodrigo guante mallado;

todos sombreros muy ricos, — Rodrigo casco afilado,
y encima del casco lleva — un bonete colorado.
Andando por su camino, — unos con otros hablando,
allegados son a Burgos; — con el rey se han encontrado.
Los que vienen con el rey — entre sí van razonando;
unos lo dicen de quedo, — otros lo van preguntando:
"Aquí viene entre esta gente — quien mató al Conde Lozano."
Como lo oyera Rodrigo, — en hito los ha mirado:
con alta y soberbia voz — de esta manera ha hablado:
"Si hay alguno entre vosotros, — su pariente o adeudado,
que le pese de su muerte, — salga luego a demandallo;
yo se lo defenderé — quiera a pie, quiera a caballo."
Todos responden a una: — "Demándelo su pecado."
Todos se apearon juntos — para al rey besar la mano;
Rodrigo se quedó solo — encima de su caballo.
Entonces habló su padre, — bien oiréis lo que ha hablado:
"Apeáos vos, mi hijo, — besaréis al rey la mano,
porque él es vuestro señor, — vos, hijo, sois su vasallo."
Desque Rodrigo esto oyó — sintióse más agraviado:
las palabras que responde — son de hombre muy enojado.
"Si otro me lo dijera, — ya me lo hubiera pagado;
mas por mandarlo vos, padre, — yo lo haré de buen grado."
Ya se apeaba Rodrigo — para al rey besar la mano;
al hincar de la rodilla, — el estoque se ha arrancado.
Espantóse de esto el rey, — y dijo como turbado:
"Quítate, Rodrigo, allá, — quítate me allá, diablo,
que tienes el gesto de hombre, — y los hechos de león bravo."
Como Rodrigo esto oyó, — apriesa pide el caballo:
con una voz alterada, — contra el rey así ha hablado:
"Por besar mano de rey — no me tengo por honrado;
porque la besó mi padre — me tengo por afrentado."
En diciendo estas palabras — salido se ha del palacio:
consigo se los tornaba — los trescientos hijosdalgo:
si bien vinieron vestidos, — volvieron mejor armados,
y si vinieron en mulas, — todos vuelven en caballos.

XIMENA, the daughter of Count Lozano Gómez, at the following Epiphany-tide pleaded to King Ferdinand for justice against the Cid, his act having made her an orphan. The king, as all know, composed their differences by marrying the contending parties, and both the ballads and authentic history concur to leave the impression that the union was throughout a happy one.

ROMANCE DE XIMENA GÓMEZ

65

Día era de los Reyes, — día era señalado,
cuando dueñas y doncellas — al rey piden aguinaldo,
sino es Ximena Gómez, — hija del Conde Lozano,
que puesta delante el rey, — de esta manera ha hablado.
"Con mancilla vivo, rey, — con ella vive mi madre;
cada día que amanece — veo quién mató a mi padre
caballero en un caballo — y en su mano un gavilán;
otras veces un halcón — que trae para cazar,
por me hacer más enojo — cébalo en mi palomar:
con sangre de mis palomas — ensangrentó mi brial.
Enviéselo a decir, — envióme a amenazar
que me cortará mis haldas — por vergonzoso lugar,
me forzará mis doncellas — casadas y por casar;
matárame un pajecico — so haldas de mi brial.
Rey que no hace justicia — no debía de reinar,
ni cabalgar en caballo, — ni espuela de oro calzar,
ni comer pan a manteles, — ni con la reina holgar,
ni oir misa en sagrado, — porque no merece más."
El rey de que aquesto oyera — comenzara de hablar:
"¡Oh válame Dios del cielo! — quiérame Dios consejar:
si yo prendo o mato al Cid, — mis Cortes se volverán;
y si no hago justicia, — mi alma lo pagará."
"Ten tú las tus Cortes, rey, — no te las revuelva nadie,
al Cid que mató a mi padre — dámelo tú por igual,
que quien tanto mal me hizo — sé que algún bien me hará."
Entonces dijera el rey, — bien oiréis lo que dirá:
"Siempre lo oí decir, — y agora veo que es verdad,
que el seso de las mujeres — que no era natural:
hasta aquí pidió justicia, — ya quiere con él casar.

Yo lo haré de buen grado, — de muy buena voluntad;
mandarle quiero una carta, — mandarle quiero llamar."
Las palabras no son dichas, — la carta camino va,
mensajero que la lleva — dado la había a su padre.
"Malas mañas habéis, conde, — no vos las puedo quitar,
que cartas que el rey vos manda — no me las queréis mostrar."
"No era nada, mi hijo, — sino que vades allá,
quedávos aquí, hijo, — yo iré en vuestro lugar."
"Nunca Dios atal quisiese — ni Santa María lo mande,
sino que adonde vos fuéredes — que vaya yo adelante."

AFTER his marriage the Cid, sending his wife home, goes on pilgrimage
to Compostela. His abundant charity to the Leper may be paralleled
from the legends of other famous men.

EL CID VA EN ROMERÍA A SANTIAGO
66

Ya se parte Don Rodrigo, — que de Vivar se apellida,
para visitar Santiago, — adonde va en romería.
Despidióse de Fernando, — aquese rey de Castilla,
que le dió muchos haberes, — sin dones que dado había.
Veinte vasallos consigo — levaba en su compañía;
mucho bien y gran limosna — hacía por donde iba:
daba a comer a los pobres, — y a los que pobreza habían.
Siguiendo por su camino — muy grande llanto oía,
que en medio de un tremedal — un gafo triste plañía,
dando voces que lo saquen — por Dios y Santa María.
Rodrigo cuando lo oye, — para el gafo se venía,
descendiera de la bestia, — en tierra se descendía:
en la silla lo subió, — delante sí lo ponía;
llegaron a la posada — do albergaron aquel día.
Sentados son a cenar, — comían a una escudilla.
Gran enojo habían los suyos, — de aquesto que el Cid hacía:
no quieren estar presentes, — a otra posada se iban.
Hicieron al Cid y al gafo — una cama en que dormían
ambos, cuando a media noche, — ya que Rodrigo dormía,
un soplo por las espaldas — el gafo dado le había;

tan recio fué, que a los pechos — a Don Rodrigo salía
Despertó muy espantado, — al gafo buscado había:
no lo hallaba en la su cama, — a voces lumbre pedía.
Traídole habían la lumbre, — el gafo no parecía;
tornado se había a la cama, — gran cuidado en sí tenía
de lo que le aconteciera, — mas vió un hombre que a él venía
vestido de paños blancos, — y que aquesto le decía:
"¿Duermes o velas, Rodrigo?" — "No duermo," le respondía,
"Pero dime: quién tú eres — que tanto resplandecías."
"San Lázaro soy, Rodrigo, — yo, que a te hablar venía;
yo soy el gafo a que tú — por Dios tanto bien hacías.
Rodrigo, Dios bien te quiere, — otorgado te tenía
que lo que tú comenzares — en lides, o en otra guisa,
lo cumplirás a tu honra — y crecerás cada día.
De todos serás temido, — de cristianos y morisma,
y que los tus enemigos — empecerte no podrían;
morirás tú muerte honrada, — no tu persona vencida,
tú serás el vencedor, — Dios su bendición te envía."
En diciendo estas palabras — luego se desparecía.
Levantóse Don Rodrigo — y de hinojos se ponía;
dió gracias a Dios del cielo, — también a Santa María;
ansí estuvo en oración — hasta que fuera de día.
Partiérase a Santiago, — su romería cumplía;
De allí se fué a Calahorra — adonde el buen rey yacía.
Muy bien lo había recebido, — holgóse con su venida,
lidió con Martín González, — y en el campo lo vencía.

Don Ferdinand el Magno, King of Castile, Leon, Galicia, Asturias and
Spanish Navarre, died in 1065 after a reign of thirty-two years, during
which the foundations of the Spanish monarchy were laid. He left three
sons and two daughters.

El rey Don Fernando primero
67

Doliente estaba, doliente, — ese buen rey Don Fernando;
los pies tiene cara oriente — y la candela en la mano.
A la cabecera tiene — los sus fijos todos cuatro.

Los tres eran de la reina, — y el uno era bastardo.
Ese que bastardo era — quedaba mejor librado;
arzobispo es de Toledo — y en las Españas perlado.
"Si yo no muriera, hijo, — vos fuérades Padre Santo,
mas con la renta que os queda, — bien podréis, hijo, alcanzarlo."

KING FERDINAND, by will on his deathbed, leaves the strong city of
Zamora, standing on the north bank of the Duero, to his daughter
Urraca: Sancho his eldest son protesting against the gift.

ROMANCE DE DOÑA URRACA
68

"Morir vos queredes, padre, — San Miguel vos haya el alma;
mandastes las vuestras tierras — a quien se vos antojara,
a Don Sancho a Castilla, — Castilla la bien nombrada,
a Don Alonso a León, — y a Don García a Vizcaya.
A mí, porque soy mujer, — dejáisme desheredada:
irme he yo por esas tierras — como una mujer errada,
y este mi cuerpo daría — a quien se me antojara,
a los moros por dineros — y a los cristianos de gracia;
de lo que ganar pudiere — haré bien por la vuestra alma."
"Calledes, hija, calledes, — no digades tal palabra,
que mujer que tal decía, — merescía ser quemada.
Allá en Castilla la Vieja — un rincón se me olvidaba;
Zamora había por nombre, — Zamora la bien cercada;
de una parte la cerca el Duero, — de otra, Peña tajada;
de la otra la Morería; — ¡una cosa muy preciada!
¡quien vos la tomare, hija, — la mi maldición le caiga!"
Todos dicen "amén, amén," — sino Don Sancho, que calla.

THE following ballad does not deal with a matter of history: Don Sancho had succeeded his father, Ferdinand, in Castile, but neither he nor the Cid ever went beyond the borders of Spain. The ballad gives a vivid presentment of the popular notion of the Cid's manners and customs. In some MSS. it is King Ferdinand, not Sancho, who is supposed to have gone with the Cid to Rome.

EL REY Y EL CID A ROMA
69

Rey Don Sancho, rey Don Sancho, — cuando en Castilla reinó,
corrió a Castilla la Vieja — de Burgos hasta León,
corrió todas las Asturias — dentro hasta San Salvador,
también corrió a Santillana, — y dentro en Navarra entró,
y a pesar del rey de Francia — los puertos de Aspa pasó.
Siete días con sus noches — en el campo le esperó.
Desque vió que no venía — a Castilla se volvió.
Luego le vinieron cartas — de ese padre de Aviñón,
que se vaya para Roma, — y le alzarán emperador;
que lleve treinta de mula, — y de caballo que non,
y que no lleve consigo — ese Cid Campeador;
que las Cortes estén en paz, — no las revolviese, non.
El Cid cuando lo supo — a las Cortes se partió
con trescientos de a caballo, — todos hijosdalgo son.
"Mercedes, buen rey, mercedes, — otorgádmelas, señor,
que cuando fueréis a Roma, — que me llevedes con vos,
que por las tierras do fuéredes — yo sería el gastador,
hasta salir de Castilla, — de mis haberes gastando;
cuando fuéremos por Francia — el campo iremos robando,
por ver si algún francés — saldría a demandallo."
A sus jornadas contadas — a Roma se han llegado;
apeado se ha el buen rey, — al Papa besó la mano;
también sus caballeros, — que se lo habían enseñado:
no lo hizo el buen Cid, — que no lo había acostumbrado.
En la capilla de San Pedro — Don Rodrigo se ha entrado,
viera estar siete sillas — de siete reyes cristianos;
viera la del rey de Francia — par de la del Padre santo,
y vió estar la de su rey — un estado más abajo:
vase a la del rey de Francia, — con el pie la ha derrocado,

y la silla era de oro, — hecho se ha cuatro pedazos;
tomara la de su rey, — y subióla en lo más alto.
Ende hablara un duque — que dicen el saboyano;
"Maldito seas, Rodrigo, — del Papa descomulgado,
que deshonraste a un rey, — el mejor y más sonado."
Cuando lo oyó el buen Cid, — tal respuesta le ha dado:
"Dejemos los reyes, duque, — ellos son buenos y honrados,
y hayámoslo los dos — como muy buenos vasallos."
Y allegóse cabe el duque, — un gran bofetón le ha dado.
Allí hablara el duque: — "¡Demándetelo el diablo!"
El Papa desque lo supo — quiso allí descomulgallo.
Don Rodrigo que lo supo, — tal respuesta le hubo dado:
"Si no me absolvéis, el Papa, — seríaos mal contado:
que de vuestras ricas ropas — cubriré yo mi caballo."
El Papa desque lo oyera, — tal respuesta le hubo dado:
"Yo te absuelvo, Don Rodrigo, — yo te absuelvo de buen grado,
que cuanto hicieres en Cortes — seas de ello libertado."

KING FERDINAND at his death in 1065 unwisely divided up his kingdom among his sons and daughters. Sancho had Castile and Spanish Navarre, Alfonso took Leon and the Asturias, García was made king of Galicia: Urraca received the city of Zamora (just within the borders of Leon), and her sister Elvira the town and castle of Toro, lying a score of miles to the east of Zamora, both these cities standing on eminences that overlooked the Duero, and on its north bank. The natural result of this partition of the kingdom was civil war. During the course of the first six years of his reign Sancho dispossessed García of Galicia, shutting him up in a monastery; next he overran Leon and defeated Alfonso, who took refuge with Al-Mamún, the Moslem king of Toledo; then after depriving Elvira of her castle and town of Toro, in 1072, Sancho summoned Urraca to exchange Zamora for other lands, and on her refusal promptly laid siege to that city. The Cid, at this time a great warrior, probably somewhat over thirty years of age, had served King Sancho as his standard-bearer, a post equivalent to general-in-chief, and on more than one occasion he had saved the king's life in battle. He was now with Sancho's army, but would willingly have avoided warring against Urraca, whom he had known from childhood, and at one time even had hoped to marry. As soon as the king's camp was set, two knights of Zamora ride out to challenge those of Don Sancho's army.

Reto de dos Zamoranos

70

Riberas del Duero arriba — cabalgan dos zamoranos:
las divisas llevan verdes, — los caballos alazanos,
ricas espadas ceñidas, — sus cuerpos muy bien armados,
adargas ante sus pechos, — gruesas lanzas en sus manos,
espuelas llevan ginetas — y los frenos plateados.
Como son tan bien dispuestos, — parecen muy bien armados,
y por un repecho arriba — salen más recios que galgos,
y súbenlos a mirar — del real del rey Don Sancho.
Desque a otra parte fueron — dieron vuelta a los caballos,
y al cabo de una gran pieza, — soberbios así han fablado:
"¿Tendredes dos para dos, — caballeros castellanos,
que puedan armas facer — con otros dos zamoranos,
para daros a entender — no face el rey como hidalgo
en quitar a Doña Urraca — lo que su padre le ha dado?
Non queremos ser tenidos, — ni queremos ser honrados,
ni rey de nos faga cuenta, — ni conde nos ponga al lado,
si a los primeros encuentros — no los hemos derribado;
y siquiera salgan tres, — y siquiera salgan cuatro,
siquiera salgan cinco, — salga siquiera el diablo,
con tal que no salga el Cid, — ni ese noble rey Don Sancho,
que lo habemos por señor, — y el Cid nos ha por hermanos:
de los otros caballeros, — salgan los más esforzados."
Oídolo habían dos condes, — los cuales eran cuñados:
"Atended, los caballeros, — mientras estamos armados."
Piden apriesa las armas, — suben en buenos caballos,
caminan para las tiendas — donde yace el rey Don Sancho:
piden que les dé licencia — que ellos puedan hacer campo
contra aquellos caballeros, — que con soberbia han hablado.
Allí fablara el buen Cid, — que es de los buenos dechado:
"Los dos contrarios guerreros — non los tengo yo por malos,
porque en muchas lides de armas — su valor habían mostrado;
que en el cerco de Zamora — tuvieron con siete campo;
el mozo mató a los dos, — el viejo mató a los cuatro;
por uno que se les fuera — las barbas se van pelando."

Enojados van los condes — de lo que el Cid ha fablado:
el rey cuando ir los viera — que vuelvan está mandando;
otorgó cuanto pedían, — más por fuerza que de grado.
Mientras los condes se arman, — el padre al hijo está hablando:
"Volved, hijo, hacia Zamora, — a Zamora y sus andamios,
mirad dueñas y doncellas — cómo nos están mirando:
hijo, no miran a mí, — porque ya soy viejo y cano;
mas miran a vos, mi hijo, — que sois mozo y esforzado.
Si vos facéis como bueno — seréis de ellas muy honrado:
si lo facéis de cobarde, — abatido y ultrajado.
Afirmáos en los estribos, — terciad la lanza en las manos,
esa adarga ante los pechos, — y apercibid el caballo,
que al que primero acomete — tienen por más esforzado."
Apenas esto hubo dicho, — ya los condes han llegado;
el uno viene de negro, — y el otro de colorado:
vanse unos para otros; — fuertes encuentros se han dado,
mas el que al mozo le cupo — derribólo del caballo,
y el viejo al otro de encuentro — pasóle de claro en claro.
El conde, de que esto viera, — huyendo sale del campo,
y los dos van a Zamora — con vitoria muy honrados.

KING SANCHO is desirous that his sister should come to terms, and he
sends the Cid into Zamora to negotiate. His embassy fails and Urraca
dismisses him, reminding him of the days when, a youth and an orphan,
the king her father had dubbed him knight. The Cid's proposal that he
and she should renew their former relations is not well received.

LAS QUEJAS DE LA INFANTA

71

"Afuera, afuera, Rodrigo, — el soberbio castellano,
accordársete debría — de aquel tiempo ya pasado
cuando fuiste caballero — en el altar de Santiago,
cuando el rey fué tu padrino, — tú, Rodrigo, el ahijado:
mi padre te dió las armas, — mi madre te dió el caballo,
yo te calcé las espuelas — porque fueses mas honrado:
que pensé casar contigo, — no lo quiso mi pecado,
casaste con Ximena Gómez, — hija del Conde Lozano:

con ella hubiste dineros, — conmigo hubieras estado.
Bien casaste tú, Rodrigo, — muy mejor fueras casado;
dejaste hija de rey — por tomar de su vasallo."
"Si os parece, mi señora, — bien podemos destigallo."
"Mi ánima penaría — si yo fuese en discrepallo."
"Afuera, afuera, los míos, — los de a pie y de a caballo,
pues de aquella torre mocha — una vira me han tirado.
No traía el asta hierro, — el corazón me ha pasado,
ya ningún remedio siento — sino vivir más penado."

'*No se ganó Zamora en una hora,*' says the proverb, commenting on this famous siege, but the city began to suffer from famine. Then Vellido Dolfos, a Leonese knight of evil reputation, whom Urraca in an unlucky hour had received into her confidence, traitorously, and without her consent or knowledge, compasses the murder of King Sancho. To carry out his plan he publicly insults the aged Arias Gonzalo, foster-father of Urraca and her chief counsellor, and managing to escape the vengeance of Gonzalo's sons is seen by both armies fleeing from Zamora to the camp of the besiegers. But old Arias Gonzalo, misdoubting him of some treachery, cries from the walls that a knave has been driven forth from Zamora: and let them of the camp beware. The warning is unheeded. Vellido Dolfos, cozening King Sancho, beguiles him, alone and off his guard, to near a certain postern in the walls of Zamora, and taking him at a disadvantage kills him foully. Vellido Dolfos then escapes back into the town.

La traición de Vellido Dolfos

72

"Rey Don Sancho, rey Don Sancho, — no digas que no te aviso,
que del cerco de Zamora — un traidor había salido:
Vellido Dolfos se llama, — hijo de Dolfos Vellido,
a quien él mismo matara — y después echó en el río.
Si te engaña, rey Don Sancho, — no digas que no lo digo."
Oídolo ha el traidor, — ¡gran enojo ha recibido!
Fuése donde estaba el rey; — de aquesta suerte le ha dicho:
"Bien conoscedes, señor, — el malquerer y homecillo
que el malo de Arias Gonzalo — y sus hijos han conmigo:
en fin, hasta tu real — agora me han perseguido:
esto, porque les reptaba — que estorbaban tu partido,

que otorgase Doña Urraca — a Zamora en tu servicio.
Agora que han bien mirado — cómo está bien entendido
que tú prendas a Zamora — por el postigo salido,
trabajan buscar tu daño — dañando el crédito mío.
Si me quieres por vasallo, — serviréte sin partido."
El buen rey siendo contento, — díjole: "Muéstrame, amigo,
por donde tome a Zamora, — que en ella serás tenido
mucho más que Arias Gonzalo, — que la manda con desvío."
Besóle el traidor la mano, — en gran poridad le dijo:
"Vámonos tú y yo, señor, — solos, por no hacer bullicio,
verás lo que me demandas, — y ordenarás tu partido
donde se haga una cava, — y lo que manda mi aviso.
Después con ciento de a pie — matar las guardas me obligo,
y se entrarán tus banderas — guardándoles el postigo."
Otro día de mañana — cabalgan Sancho y Vellido,
el buen rey en su caballo, — y Vellido en su rocino:
juntos van a ver la cerca, — solos a ver el postigo.
Desque el rey lo ha rodeado — saliérase cabe el río,
do se hubo de apear — por necesidad que ha habido.
Encomendóle un venablo — a ese malo de Vellido:
dorado era y pequeño, — que el rey lo traía consigo.
Arrojóselo el traidor, — malamente lo ha herido;
pasóle por las espaldas, — con la tierra lo ha cosido.
Vuelve riendas al caballo — a más correr al postigo.
La causa de la corrida — le demandaba Rodrigo,
el cual dicen de Vivar: — el malo no ha respondido.
El Cid apriesa cabalga; — sin espuelas lo ha seguido:
nunca le pudo alcanzar, — que en la ciudad se ha metido.
Que le metan en prisión — Doña Urraca ha proveído:
guárdale Arias Gonzalo — para cuando sea pedido.
Tornóse el Cid con coraje, — como no prendió a Vellido,
maldiciendo al caballero — que sin espuelas ha ido.
No sospecha tal desastre, — cuida ser otro el delito,
que si lo que era creyera, — bien defendiera el postigo
hasta vengar bien la muerte — del rey Don Sancho el querido.

KING SANCHO left no children, and his brother Alfonso, King of Leon, at that time living in exile in Toledo with Al-Mamún, was heir to the Castilian crown. To the Castilian nobles it was a bitter stroke of fortune that Castile should come under Leon. Further, they held that the people of Zamora were responsible for Sancho's traitorous death, seeing that they still harboured Vellido Dolfos. The Castilians, therefore, in the person of Diego Ordóñez challenge Zamora.

EL RETO DE LOS ZAMORANOS

73

Sálese Diego Ordóñez, — del real se ha salido
armado de piezas dobles — en un caballo morcillo:
la lanza lleva terciada, — levantado en los estribos.
Va a rieptar los de Zamora — por la traición de Vellido:
vido estar a Arias Gonzalo — asomado en el castillo;
con un denuedo feroz, — estas palabras le ha dicho:
"Yo riepto a los de Zamora — por traidores conoscidos,
porque fueron en la muerte — del rey don Sancho mi primo,
y acogieron en la villa — al que esta traición hizo.
Por eso fueron traidores, — en consejo, fecho y dicho:
por eso riepto a los viejos, — por eso riepto a los niños,
y a los que están por nascer, — hasta los recien nascidos;
riepto al pan, riepto las carnes; — riepto las aguas y el vino,
desde las hojas del monte — hasta las piedras del río."
Respondióle Arias Gonzalo, — ¡oh qué bien que ha respondido!:
"Si yo soy cual tú lo dices, — no debiera ser nascido;
mas hablas como esforzado, — e no como entendido,
porque sabes que en Castilla — hay un fuero establecido,
que el que riepta concejo — haya de lidiar con cinco,
y si alguno le venciere, — el concejo queda quito."
Don Diego, que lo oyera, — algo fuera arrepentido;
mas sin mostrar cobardía, — dijo: "Afírmome a lo dicho,
y con esas condiciones — yo acepto el desafío:
que los mataré en el campo, — o dirán lo que yo he dicho."

WHEN a challenge was directed against a city and its inhabitants, the city corporation was allowed five champions to defend its honour, each of whom, in turn, the challenger must overcome in the lists. For the honour of Zamora old Arias Gonzalo would fain have been the first of the five champions, but Urraca dissuades him, and his sons go in his stead.

ROMANCE DE DON DIEGO ORDÓÑEZ

74

Tristes van los zamoranos — metidos en gran quebranto;
reptados son de traidores, — de alevosos son llamados:
más quieren ser todos muertos, — que no traidores nombrados.
Día era de San Millán, — ese día señalado;
todos duermen en Zamora, — mas no duerme Arias Gonzalo.
Acerca de las dos horas — del lecho se ha levantado:
castigando está sus hijos, — a todos cuatro está armando:
las palabras que les dice — son de mancilla y quebranto:
"Ayúdeos Dios, hijos míos, — guárdeos Dios, hijos amados,
pues sabéis cuan falsamente — habemos sido reptados:
tomad esfuerzo, mis hijos, — si nunca lo habéis tomado,
acordáos que descendéis — de la sangre de Laín Calvo,
cuya noble fama y gloria — hasta hoy no se ha olvidado,
pues que sabéis que Don Diego — es caballero preciado,
pero mantiene mentira, — y Dios de ello no es pagado:
el que de verdad se ayuda, — de Dios siempre es ayudado.
Uno falta para cinco, — porque no sois más de cuatro;
yo seré el quinto, y primero — que quiero salir al campo.
Morir quiero, y no ver muerte — de hijos que tanto amo.
Mis hijos, Dios os bendiga — como os bendice mi mano."
Sus armas pide el buen viejo, — sus hijos le están armando;
las grevas le están poniendo, — Doña Urraca había entrado;
los brazos le echara encima, — muy fuertemente llorando:
"¿Dónde vais, mi padre viejo, — o para qué estáis armado?
Dejad las armas pesadas, — que ya sois viejo cansado,
pues que sabéis si vos morís — perdido es todo mi estado.
Acordáos que prometistes — a mi padre Don Fernando
de nunca desampararme, — ni dejar de vuestra mano."

En oyendo aquesto el conde — mostróse muy enojado:
"Dejédesme ir, señora, — que yo estoy desafiado;
tengo de hacer batalla, — porque fuí traidor llamado."
Júntanse diez caballeros, — todos juntos le han rogado
que les deje la batalla, — que la tomarán de grado.
Desque el conde vido aquesto — recibió pesar doblado;
llamara sus cuatro hijos, — y al uno de ellos ha dado
las sus armas y su escudo, — el su estoque y su caballo;
échale su bendición — porque era dél muy amado.
Pedrarias había nombre; — Pedrarias el castellano.
Por la puerta de Zamora — se sale fuera y armado;
topárase con Don Diego, — su enemigo y su contrario:
"Sálveos Dios, Don Diego Ordóñez, — y él os haga prosperado,
en las armas muy dichoso, — de traiciones libertado:
ya sabéis que soy venido — para lo que está aplazado,
a libertar a Zamora — de lo que le han levantado."
Don Diego le respondiera — con soberbia que ha tomado:
"Todos juntos sois traidores, — y por tal seréis quedados."
Vuelven los dos las espaldas — por tomar lugar del campo;
hiriéronse juntamente — en los pechos muy de grado;
saltan astas de las lanzas — con el golpe que se han dado;
no se hacen mal alguno, — porque van muy bien armados.
Don Diego dió en la cabeza — a Pedrarias desdichado,
cortárale todo el yelmo — con un pedazo de casco;
desque se vido herido — Pedrarias y lastimado,
abrazárase a las clines, — y al pescuezo del caballo:
sacó esfuerzo de flaqueza — aunque estaba mal llagado,
quiso herir a Don Diego, — mas acertó en el caballo,
que la sangre que corría — la vista le había quitado:
cayó muerto prestamente — Pedrarias el castellano.
Don Diego que vido aquesto — toma la vara en la mano,
dijo a voces a Zamora: — "¿Donde estás, Arias Gonzalo?
envía el hijo segundo, — que el primero ya es finado;
ya se acabaron sus días, — su juventud fin ha dado."
Envió el hijo segundo — que Diego Arias es llamado.
Tornara a salir Don Diego — con armas y otro caballo,
y diérale fin a aqueste — como al primero le ha dado.
El conde viendo a sus hijos, — que los dos le han ya faltado,
quiso enviar al tercero, — aunque con temor doblado:

llorando de los sus ojos — dijo: "Ve, mi hijo amado,
haz como buen caballero, — lo que tú eres obligado:
pues sustentas la verdad, — de Dios serás ayudado;
venga las muertes sin culpa, — que han pasado tus hermanos."
Hernán D'Arias, el tercero, — al palenque había llegado;
mucho mal quiere a Don Diego, — mucho mal y mucho daño.
Alzó la mano con saña, — un gran golpe le había dado;
mal herido le ha en el hombro, — en el hombro y en el brazo.
Don Diego con el su estoque — le hiriera muy de su grado,
hiriéralo en la cabeza, — en el casco le ha tocado.
Recurrió el hijo tercero — con un gran golpe al caballo,
que hizo ir a Don Diego — huyendo por todo el campo.
Ansí quedó esta batalla — sin quedar averiguado
cuáles son los vencedores, — los de Zamora o del campo.
Quisiera volver Don Diego — a la batalla de grado,
mas no quisieron los fieles, — ni licencia no le han dado.

ROMANCE DE HERNÁN D'ARIAS

75

Por aquel postigo viejo — que nunca fuera cerrado,
vi venir seña bermeja — con trescientos de caballo:
un pendón traen sangriento, — de negro muy bien bordado,
y en medio de todos ellos — traen un cuerpo finado:
Hernán D'Arias ha por nombre, — hijo de Arias Gonzalo,
que no murió entre las damas, — ni menos estando holgando,
sí en defensa de Zamora — como caballero honrado:
matólo Don Diego Ordóñez — cuando a Zamora ha rieptado,
y a la entrada de Zamora — un gran llanto es comenzado.
Lloranle todas las damas, — y todos los hijosdalgo:
unos dicen: "¡Ay, mi primo!" — otros dicen: "¡Ay, mi hermano!"
Arias Gonzalo decía: — "¡Quién no te hubiera criado,
para verte agora muerto, — Arias Hernando, en mis brazos!"
Mandan tocar las campanas, — ya lo llevan a enterrallo,
allá en la Iglesia Mayor — que llaman de Santiago,
en una tumba muy rica — como requiere su estado.

Doña Urraca, on the death of King Sancho, had sent messengers to
Toledo to recall her brother Alfonso. The Leonese received their king
joyfully, but the jealousy of the Castilians made them distrustful, and
the Cid voiced the sentiment of his people by demanding that before
Castile acknowledged Alfonso as king, he should solemnly swear that
he had had no hand in the foul death of his brother Sancho.

ROMANCE DEL REY DON ALFONSO

76

En Toledo estaba Alfonso, — que non cuidaba reinar;
desterrárale Don Sancho — por su reino le quitar:
Doña Urraca a Don Alfonso — mensajero fué a enviar;
las nuevas que le traían — a él gran placer le dan.
"Rey Alfonso, rey Alfonso, — que te envían a llamar;
castellanos y leoneses — por rey alzado te han,
por la muerte de Don Sancho, — que Vellido fué a matar:
solo entre todos Rodrigo — que no te quiere acetar,
porque amaba mucho al rey, — quiere que hayas de jurar
que en la su muerte, señor, — no tuvistes que culpar."
"Bien vengáis, los mensajeros, — secretos queráis estar,
que si el rey moro lo sabe, — él aquí nos detendrá."
El conde Don Peranzures — un consejo le fué a dar,
que caballos bien herrados — al revés habían de herrar.
Descuélganse por el muro, — sálense de la ciudad,
fueron a dar a Castilla, — do esperándolos están.
Al rey le besan la mano, — el Cid no quiere besar;
sus parientes castellanos — todos juntados se han.
"Heredero sois, Alfonso, — nadie os lo quiere negar;
pero si os place, señor, — non vos debe de pesar
que nos fagáis juramento — cual vos lo quieren tomar;
vos y doce de los vuesos, — los que vos queráis nombrar
de que en la muerte del rey — non tenedes qué culpar."
"Pláceme, los castellanos, — todo os lo quiero otorgar."
En Santa Gadea de Burgos, — allí el rey se va a jurar;
Rodrigo tomó la jura — sin un punto más tardar,
y en un cerrojo bendito — le comienza a conjurar:
"Don Alonso, y los leoneses, — veníos vos a salvar
que en la muerte de Don Sancho — non tuvisteis que culpar,

ni tampoco de ella os plugo, — ni a ella disteis lugar:
mala muerte hayáis, Alfonso, — si non dijerdes verdad;
villanos sean en ella, — non fidalgos de solar,
que non sean castellanos, — por más deshonra vos dar,
sino de Asturias de Oviedo — que non vos tengan piedad."
"Amén, amén," dijo el rey, — "que non fuí en tal maldad."
Tres veces tomó la jura, — tantas le van preguntar.
El rey, viéndose afincado, — contra el Cid se fué a airar:
"Mucho me afincáis, Rodrigo, — en lo que no hay que dudar,
cras besarme héis la mano, — si agora me hacéis jurar."
"Sí, señor," dijera el Cid, — "si el sueldo me habéis de dar,
que en la tierra de otros reyes — a fijosdalgos les dan.
Cuyo vasallo yo fuere — también me lo ha de pagar;
si vos dármelo quisiéredes, — a mi placer me vendrá."
El rey por tales razones — contra el Cid se fué a enojar;
siempre desde allí adelante — gran tiempo le quiso mal.

THE following ballad is well known from Lope de Vega's play, *Las Almenas de Toro*, in one scene of which much of the ballad is admirably glossed. King Alfonso is supposed to fall suddenly in love with a lady whom he sees at a distance on the battlements of Toro. To his annoyance the lady turns out to be his sister Doña Elvira; and the Cid interferes to keep the king from rash doings.

ROMANCE DE LAS ALMENAS DE TORO

77

En las almenas de Toro, — allí estaba una doncella,
vestida de paños negros, — reluciente como estrella:
pasara el rey Don Alonso, — namorado se había de ella,
dice: "Si es hija de rey — que se casaría con ella,
y si es hija de duque — serviría por manceba."
Allí hablara el buen Cid, — estas palabras dijera:
"Vuestra hermana es, señor, — vuestra hermana es aquella."
"Si mi hermana es," dijo el rey — "¡fuego malo encienda en ella!
llámenme mis ballesteros; — tírenle sendas saetas,
y a aquel que la errare — que le corten la cabeza."
Allí hablara el buen Cid, — de esta suerte respondiera:
"Mas aquel que la tirare, — pase por la misma pena."

"Íos de mis tiendas, Cid, — no quiero que estéis en ellas."
"Pláceme," respondió el Cid, — "que son viejas, y no nuevas:
irme he yo para las mías, — que son de brocado y seda,
que no las gané holgando, — ni bebiendo en la taberna;
ganélas en las batallas — con mi lanza y mi bandera."

KING ALFONSO did not find it in his heart ever to forgive the Cid for
the part he had played in administering the oath at Santa Gadea,
and ere long the Cid was banished from Castile. His subsequent exploits
have made of him the popular hero. Fighting alternately for and against
Christians and Moslems, he gathered an immense army of freebooters
whom he disciplined and ruled with a rod of iron. Years passed, and
finally in 1094, after a long and famous siege (as narrated in later
ballads), he found himself master of the Moslem city of Valencia; and
this became his headquarters till his death in 1099. The following ballad
explains how he managed to borrow funds from Jewish money-lenders,
at the moment of his banishment, when his fortunes were at their
lowest.

ROMANCE DE LOS COFRES DE ARENA

78

Don Rodrigo de Vivar — está con Doña Ximena
de su destierro tratando, — que sin culpa le destierran.
El rey Alfonso lo manda, — sus envidiosos se huelgan,
llórale toda Castilla, — porque huérfana la deja.
Gran parte de sus haberes — ha gastado el Cid en guerra:
no halla para el camino — dinero sobre su hacienda.
A dos judíos convida — y sentados a su mesa
con amigables caricias — mil florines les pidiera.
Díceles que por seguro — dos cofres de plata tengan,
y que si dentro de un año — no les paga, que la vendan,
y cobren la logrería — como concertado queda.
Dióles dos cofres cerrados — entrambos llenos de arena,
y confiados del Cid — dos mil florines le prestan.
"¡Oh necesidad infame, — a cuantos honrados fuerzas
a que por salir de ti — hagan mil cosas mal hechas!
Rey Alfonso, señor mío, — a traidores das orejas,
y a los fidalgos leales — palacios y orejas cierras.
Mañana saldré de Burgos — a ganar en las fronteras

algún pequeño castillo — adonde mis gentes quepan;
mas según son de orgullosos — los que llevo en mi defensa,
las cuatro partes del mundo — tendrán por morada estrecha.
Estarán mis estandartes — tremolando en las almenas;
caballeros agraviados — hallarán guarida en ellas;
y por conservar el nombre — de tus reinos, que es mi tierra,
los lugares que ganare — serán Castilla la Nueva."

THE Cid's method of levying tribute on the Moorish princes, nominally for King Alfonso, practically to his own benefit, is clearly set forth in the following ballad.

EL CID PIDE EL TRIBUTO AL MORO

79

Por el val de las Estacas — pasó el Cid a mediodía,
en su caballo Babieca: — ¡oh qué bien que parecía!
El rey moro que lo supo — a recibirle salía,
dijo: "Bien vengas, el Cid, — buena sea tu venida,
que si quieres ganar sueldo, — muy bueno te lo daría,
o si vienes por mujer, — darte he una hermana mía."
"Que no quiero vuestro sueldo — ni de nadie lo querría,
que ni vengo por mujer, — que viva tengo la mía:
vengo a que pagues las parias — que tú debes a Castilla."
"No te las daré yo, el buen Cid, — Cid, yo no te las daría:
si mi padre las pagó, — hizo lo que no debía."
"Si por bien no me las das, — yo por mal las tomaría."
"No lo harás así, buen Cid, — que yo buena lanza había."
"En cuanto a eso, rey moro, — creo nada te debía,
que si buena lanza tienes, — por buena tengo la mía:
mas da sus parias al rey, — a ese buen rey de Castilla."
"Por ser vos su mensajero, — de buen grado las daría."

HALF a century before the days of the Cid, in 1002, on the death of Almanzor, the glory had departed from the Spanish Caliphate, and thirty years later Cordova had ceased to be the capital of Moslem Spain: the provinces falling under the government of a number of petty independent princes. Among the rest Valencia came to be ruled by Kádir, a grandson of that Al-Mamún of Toledo with whom Alfonso had found shelter in the later years of his brother's reign. This gave the Cid his chance; he aided Kádir against his rebellious subjects, and after Kádir's death in 1092, besieged the city and waged war against the Almoravid prince of Morocco whom the Moslems of Valencia had called in to their aid. The siege lasted long, but in June 1094 the Cid finally was master of Valencia. The three following ballads are the best of the many that have come down to us dealing with the events of this period. King Búcar, frequently mentioned in the *romances*, was the commander of the Almoravid army.

HUYE EL MORO BÚCAR DEL CID

80

Encontrádose ha el buen Cid, — en medio de la batalla
con aquese moro Búcar, — que tanto le amenazaba.
Cuando el moro vido al Cid — vuelto le ha las espaldas;
hacia la mar iba huyendo, — parece llevaba alas:
caballo trae corredor, — muy recio le espoleaba;
alongado se ha del Cid, — que Babieca no le alcanza
por estar laso y cansado — de la batalla pasada.
El Cid con gran voluntad — de vengar en él su saña,
para escarmiento del moro — y de toda su compaña,
hiérele de las espuelas, — mas poco le aprovechaba.
Cerca llegaba del moro — y la espada le arrojaba,
en las espaldas le hirió, — mucha sangre derramaba.
El moro se entró huyendo — en la barca que le aguarda.
Apeárase el buen Cid — para tomar la su espada,
también tomó la del moro — que era buena y muy preciada.

In the following ballad, though his name is not mentioned, it is King Búcar who rides up to the walls of Valencia, now in the power of the Cid, and is beguiled by the Cid's daughter, he, in the end, barely escaping from her father's pursuit.

EL REY MORO QUE PERDIÓ A VALENCIA

81

Hélo, hélo, por dó viene — el moro por la calzada,
caballero a la gineta — encima una yegua baya;

borzeguíes marroquíes — y espuela de oro calzada;
una adarga ante los pechos, — y en su mano una zagaya.
Mirando estaba a Valencia, — cómo está tan bien cercada:
"¡Oh Valencia, oh Valencia, — de mal fuego seas quemada!
Primero fuiste de moros — que de cristianos ganada.
Si la lanza no me miente, — a moros serás tornada,
y aquel perro de aquel Cid — prenderélo por la barba:
su mujer Doña Ximena — será de mí captivada,
y su hija Urraca Hernando — será mi enamorada:
después de yo harto de ella — la entregaré a mi compaña."
El buen Cid no está tan lejos, — que todo bien lo escuchaba.
"Venid vos acá, mi hija, — mi hija Doña Urraca;
dejad las ropas continas, — y vestid ropas de Pascua.
Aquel moro hi-de-perro — detenémelo en palabras,
mientra yo ensillo a Babieca, — y me ciño la mi espada."
La doncella muy hermosa — se paró a una ventana:
el moro desque la vido, — de esta suerte le hablara:
"¡Alá te guarde, señora, — mi señora, Doña Urraca!"
"¡Así haga a vos, señor, — buena sea vuestra llegada!
Siete años ha, rey, siete, — que soy vuestra enamorada."
"Otros tantos ha, señora, — que os tengo dentro de mi alma."
Ellos estando en aquesto, — el buen Cid que asomaba.
"Adios, adios, mi señora, — la mi linda enamorada,
que del caballo Babieca — yo bien oigo la patada."
Do la yegua pone el pie, — Babieca pone la pata.
Allí hablara el caballo, — bien oiréis lo que hablaba.
"¡Reventar debía la madre — que a su hijo no esperaba!"
Siete vueltas la rodea — al derredor de una jara;
la yegua que era lijera — muy adelante pasaba,
fasta llegar cabe un río — adonde una barca estaba.
El moro desque la vido, — con ella bien se holgaba;
grandes gritos da al barquero — que le allegase la barca:
el barquero es diligente, — túvosela aparejada,
embarcó muy presto en ella, — que no se detuvo nada.
Estando el moro embarcado — el buen Cid que llegó al agua.
y por ver al moro en salvo, — de tristeza reventaba;
mas con la furia que tiene, — una lanza le arrojaba,
y dijo: "¡Recoged, mi yerno, — arrecogedme esa lanza,
que quizá tiempo verná — que os será bien demandada!"

In the latter part of the following ballad the same incident is again treated; but the opening lines—the Moor is speaking and addressing Valencia—recall the famous Dirge, in the Arabic language, which a man of Valencia, it is said, recited to besieged and besiegers from a tower on the walls of the city. Of this Dirge Alfonso the Wise gave a prose translation, inserting it in his great *Crónica General de España*.

ROMANCE DEL REY MORO

82

"¡Oh Valencia, oh Valencia! — ¡Oh Valencia valenciana!
un tiempo fuiste de moros, — y ahora eres cristiana:
no pasará mucho tiempo — de moros serás tornada,
que al rey de los cristianos — yo le cortaré la barba,
a la su esposa la reina — la tomaré por criada,
y a la su hija bonita — la tomaré por mi dama."
Ya quiso el Dios de los cielos — que el buen rey se lo escuchaba;
va al palacio de la infanta — que en el lecho descansaba.
"¡Hija de mi corazón! — ¡Oh hija de mis entrañas!
levántate al mismo punto, — ponte la ropa de Pascua,
y vete hacia el rey moro, — y entreténlo con palabras."...
—"¿Me dirías, buena niña, — cómo estás tan descuidada?"
"Mi padre está en la pelea, — mi madre al lecho descansa,
y mi hermano mayor — lo han muerto en la campaña."
"¿Me dirías, buena niña, — qué ruido es que sonaba?"
"Son los pajes de mi padre — que al caballo dan cebada."
"¿Me dirías, buena niña, — adónde van tantas armas?"
"Son los pajes de mi padre — que vienen de la campaña."
No pasó espacio de una hora — que al rey moro lo ligaban.
"¿Me dirías, buena niña, — qué pena me será dada?"
"La pena que merecías, — mereces que te quemaran,
y la ceniza que harás — merece ser aventada."

We now come to the story of the disastrous marriage of the Cid's daughters, Doña Sol and Doña Elvira, with the Leonese Counts of Carrión: the story, that is, as related in the ballads, for authentic history tells a different tale. The little town of Carrión de los Condes, on the river of that name (an affluent of the Pisuerga), takes its title from these (supposititious) sons-in-law of the Cid. The ballads relate how after the Cid was master of Valencia, the Counts Diego and Fernando, impressed by his power and wealth, begged King Alfonso to forward their suit; and how the Cid to please the King, with whom, for the moment, he was on good terms, married his daughters to them, with much pomp, at his good city of Valencia. In the following ballad the incident is related which produced the estrangement between the haughty counts and their father-in-law, and in the next ballad it is set forth how in a dastardly fashion they avenged their wounded pride on their unhappy wives. As showing how soon the legend grew, it is to be remarked that the incidents of these apocryphal marriages are fully narrated in the *Poema del Cid*, composed half a century only after the death of the Cid.

ROMANCE DE LOS CONDES Y EL LEÓN

83

Casadas tiene sus hijas — ese buen Cid castellano,
con dos condes de Castilla — de linaje muy honrado.
La fortuna, que no deja — las cosas en un estado,
ordenó que como el Cid — después que hubo yantado,
muy contento y satisfecho — se durmió sobre un escaño,
sus yernos se paseaban — con otros por el palacio:
entró un león por la sala, — el cual se había soltado
por descuido, de do estaba — del leonero encerrado.
Los yernos, como le vieron, — de verlo se han espantado:
metióse el uno en huida, — del escaño se ha escudado,
y Don Fernando, el mayor, — por un postigo se ha entrado,
que salía a un corral; — con el temor que ha llevado,
cayó en un lugar, asaz — deshonesto y perfumado.
Al ruido y alboroto — el buen Cid ha despertado:
fuérase para el león, — con un palo en la su mano.
tomóle por el pescuezo, — donde estaba le ha tornado,
y sabiendo que sus yernos — del león se han ausentado,
a los dos siendo presentes — muy mal los ha barajado.
Los yernos pensando que él — tal maraña había ordenado,
enemiga le tuvieron, — muy gran odio le han tomado,
y de vengar esta injuria — muy malamente han pensado.

Los condes y sus mujeres

84

De concierto están los condes — hermanos, Diego y Fernando;
afrentar quieren al Cid, — y muy gran traición han armado.
Quieren volverse a sus tierras; — sus mujeres han demandado,
y luego su suegro el Cid, — se las hubo entregado.
"Mirad, yernos, que tratedes — como a dueñas hijasdalgo
mis hijas, puesque a vosotros — por mujeres las he dado."
Ellos ambos le prometen — de obedecer su mandado.
Ya cabalgaban los condes, — y el buen Cid ya está a caballo
con todos sus caballeros, — que le van acompañando;
por las huertas y jardines — van riendo y festejando;
por espacio de una legua — el Cid los ha acompañado.
Cuando de ellas se despide, — las lágrimas le van saltando;
como hombre que ya sospecha — la gran traición que han armado,
manda que vaya tras ellos — Álvar Fáñez su criado.
Vuélvese el Cid y su gente, — y los condes van de largo.
Andando con muy gran priesa, — en un monte habían entrado
muy espeso, y muy escuro — de altos árboles poblado.
Mandaron ir toda su gente — adelante muy gran rato;
quédanse con sus mujeres, — tan solos Diego y Fernando.
Apéanse de los caballos, — y las riendas han quitado;
sus mujeres que lo ven, — muy gran llanto han levantado.
Apéanlas de las mulas — cada cual para su lado;
como las parió su madre — ambas las han desnudado,
y luego a sendas encinas — las han fuertemente atado.
Cada uno azota la suya, — con riendas de su caballo;
la sangre que de ellas corre, — el campo tiene bañado;
mas no contentos con esto, — allí se las han dejado.
Su primo que las fallara, — como hombre muy enojado
a buscar los condes iba; — y como no los ha hallado,
volvióse presto para ellas, — muy pensativo y turbado:
en casa de un labrador — allí se las ha dejado.
Vase para el Cid su tío, — todo se lo ha contado.
Con muy gran caballería, — por ellas ha enviado.
De aquesta tan grande afrenta, — el Cid al rey se ha quejado;
el rey como aquesto vido, — tres Cortes había armado.

THE Cid appeals to King Alfonso for justice on the Counts; and a Cortes is called at Toledo, where he and they shall appear. In the second and third of the ballads following, in the opening lines, it is the Cid who is speaking to the assembled Cortes and the King. In the third ballad the Counts meet with their well-deserved overthrow.

EL CID ACUDE A LAS CORTES

85

Por Guadalquivir arriba — cabalgan caminadores,
que, según dicen las gentes, — ellos eran buenos hombres:
ricas aljubas vestidas, — y encima sus albornoces;
capas traen aguaderas, — a guisa de labradores.
Daban cebada de día — y caminaban de noche,
no por miedo de los moros, — mas por las grandes calores.
Por sus jornadas contadas — llegados son a las Cortes:
sálelos a recibir — el rey con sus altos hombres.
"Viejo que venís, el Cid, — viejo venís y florido."
"No de holgar con las mujeres, — mas de andar en tu servicio:
de pelear con el rey Búcar, — rey que es de gran señorío;
de ganalle las sus tierras, — sus villas y sus castillos;
también le gané yo al rey — el su escaño tornido."

LAS CORTES DE TOLEDO

86

Tres Cortes armara el rey, — todas tres a una sazón:
las unas armara en Burgos, — las otras armó en León,
las otras armó en Toledo, — donde los hidalgos son,
para cumplir de justicia — al chico con el mayor.
Treinta días da de plazo, — treinta días, que más no,
y el que a la postre viniese — que lo diesen por traidor.
Veinte nueve son pasados, — los condes llegados son;
treinta días son pasados, — y el buen Cid no viene, non.
Allí hablaran los condes: — "Señor, daldo por traidor'
Respondiérales el rey: — "Eso non faría, non,
que el buen Cid es caballero — de batallas vencedor

pues que en todas las mis Cortes — no lo había otro mejor."
Ellos en aquesto estando — el buen Cid, que asomó
con trescientos caballeros, — todos hijosdalgo son,
todos vestidos de un paño, — de un paño y de una color,
si no fuera el buen Cid, — que traía un albornoz.
"Manténgavos Dios, el rey, — y a vosotros sálveos Dios,
que no hablo yo a los condes, — que mis enemigos son."

Cómo los condes vencidos son

87

"Yo me estando en Valencia, — en Valencia la mayor,
buen rey, vi yo vuestra seña — y vuestro honrado pendón.
Saliera yo a recebirle — como vasallo a señor.
Enviástesme una carta — con un vuestro embajador:
que yo diese las mis hijas — a los Condes de Carrión
No quería Ximena Gómez, — la madre que las parió.
Por cumplir vuestro mandado — otorgáraselas yo.
Treinta días duran las bodas, — treinta días, que más non;
y un día estando comiendo — soltárase un león.
Los condes eran cobardes, — luego piensan la traición:
pidiéranme las mis hijas — para volver a Carrión.
Como eran sus mujeres, — entregáraselas yo.
¡Ay, en medio del camino — cuán mal paradas que son!
Hallólas un caballero, — (¡déle Dios el gualardón!)
a la una dió su manto, — y a la otra su ropón.
Hallólas tan mal paradas, — que de ellas hubo compasión.
Si el escudero quisiera, — los condes cornudos son."
Allí respondieran los condes — una muy mala razón:
"Mentides, el Cid, mentides, — que non éramos traidores."
Levantóse Pero Bermúdez, — el que las damas crió,
y al conde que esto hablara — dióle un grande bofetón.
Allí hablara el rey, — y dijera esta razón:
"Afuera, Pero Bermúdez, — no me revolváis quistión."
"Otórganos campo, rey, — otórganoslo, señor,
que con muy gran dolor vive — la madre que las parió."
Ya les otorgaba el campo, — ya les partían el sol.
Por el Cid va Nuño Gustos, — hombre de muy gran valor;

con él va Pero Bermúdez — para ser su guardador.
Los condes como lo vieron, — no consienten campo, non.
Allí hablara el buen rey, — bien oiréis lo que habló:
"Si no otorgáis el campo, — yo haré justicia hoy."
Allí hablara un criado — de los condes de Carrión:
"Ellos otorgan el campo — mañana en saliendo el sol."
Allí hablara el buen Cid, — bien oiréis lo que habló:
"Si quieren uno a uno, — o si quieren dos a dos:
allá va Nuño Gustos, — y el ayo que las crió."
Dijo el rey: "Pláceme, Cid, — y así lo otorgo yo."
Otro día de mañana — muy bien les parten el sol.
Los condes vienen de negro, — y los del Cid de color.
Ya los meten en el campo, — de vellos es gran dolor;
luego abajaban las lanzas, — ¡cuán bien combatidos son!
A los primeros encuentros — los condes vencidos son,
y Gustos y Pero Bermúdez — quedaron por vencedores.

THE Cid's horse Bavieca is famous in the ballads. His master greatly
valued him, and after the defeat of the Counts of Carrión offered to
give the horse to King Alfonso. The King gratefully declined, and
Bavieca carried the Cid back to Valencia: and later, bearing his master's
body, marched to the burial place at San Pedro de Cardeña of Burgos,
and near the same Bavieca was himself afterwards buried.

ROMANCE DE BAVIECA
88

Ya se parte de Toledo — ese buen Cid afamado,
Y acabáronse las Cortes — que allí se habían celebrado.
Aquese buen rey Alfonso — muy gran derecho le ha dado
de los infantes, los condes — de Carrión el condado.
Don Rodrigo va a Valencia, — que a los moros la ha ganado:
novecientos caballeros — lleva todos fijosdalgo,
que de la rienda le llevan — a Babieca, el buen caballo.
Despidióse el rey del Cid — que le había acompañado:
lejos van uno de otro, — el Cid envió un recaudo,
pidiendo merced al rey — le aguarde para hablallo.
El rey aguardara al Cid, — como a bueno y leal vasallo,

y el Cid le dijo: "Buen rey, — yo he sido muy mal mirado
en llevarme yo a Babieca, — caballo tan afamado,
que a vos, señor, pertenece — como más aventajado.
non le merece ninguno, — vos sí sólo a vueso cabo:
y porque veáis cuál es — y si es bien el estimallo,
quiero facer ante vos — lo que no he acostumbrado,
si non es cuando hube lides — con enemigos en campo."
Cabalgó el buen Cid en él, — de piel de armiño arreado,
firióle de las espuelas, — el rey se quedó espantado
en mirar cuan bien lo face, — a ambos está alabando;
alababa a quien lo rige, — de valiente y esforzado,
y al caballo por mejor — que otro no es visto ni hallado.
Con la furia de Babieca, — una rienda se ha quebrado,
paróse con una sola — como si estuviera en prado.
El rey y sus ricos homes — de verlo se han espantado,
diciendo que nunca oyeron — fablar de tan buen caballo.
El Cid le dijo: "Buen rey, — suplícoos queráis tomallo."
"Non lo tomaré yo, el Cid," — el rey por respuesta ha dado,
"si fuera, buen Cid, el mío — yo vos lo diera de grado,
que en vos mejor que en ninguno — el caballo está empleado.
Con él honrades a vos — y a nos en estremo grado,
y a todos los de mis tierras, — por vuesos fechos ganados;
mas yo lo tomo por mío — con que vos queráis llevarlo,
que cuando yo lo quisiere — por mí vos será tomado."
Despidióse el Cid del rey, — las manos le había besado,
y fuese para Valencia, — donde le están aguardando.

ALFONSO VIII OF CASTILE

DURING the 10th century (the century before that dominated by the great personality of the Cid, who died in 1099) Moslem Spain had been the most civilised state in Europe. Rivalling Baghdad of the 9th century, 'in the golden prime' of Hárún-ar-Rashíd and Mamún, Abd-ar-Rahmán III (912 to 961), the greatest of the Spanish Caliphs, had made Cordova, with its Palace-suburb of Zahrá, the richest and the most magnificent capital of the west. His grandson, a boy of twelve on his accession, had for his minister Almanzor, the Chamberlain, so famous both as administrator and general. From 976 to the date of his death in 1002, Almanzor governed royally and the Caliph was a puppet. The Chamberlain's many victories over the Christians of Leon made him master of the greater part of Spain, but with his death anarchy and rebellion overwhelmed the Moslem state. Alternately the Berber or the Sclavonian bodyguard set up one puppet sovereign after another, and the grandson of the grandson of Abd-ar-Rahmán III died miserably in 1031, the last of the Caliphs of Cordova. During two centuries and a half following this date near a score of Moslem Emirs contended for the mastery, fighting amongst themselves, and then calling in the aid first of the Almoravids (1086 to 1154) and next of the Almohads (1154 to 1212) from Morocco, to battle with them against the ever encroaching Christian kingdoms from the north. The ballads of the Cid have dealt with the first century (the 11th) of this period, and after another century of constant warfare the overwhelming victory of the Christians, in 1212, at Las Navas de Tolosa, finally broke the power of the Almohads. Las Navas de Tolosa is a marsh-land in the Sierra Morena, lying near Linares, at the head of the pass known as Despeñaperros (The Dog's Descent), which leads down from La Mancha into Andalusia. The Christians fought under the command of three kings, namely, Sancho VII of Navarre, Pedro II of Aragon, and Alfonso VIII of Castile. This great victory paved the way for Saint Ferdinand to rid all Spain of the Moslem yoke (except only as regarded the kingdom of Granada); but Alfonso VIII found his treasury empty after his victory at Las Navas, and forthwith attempted to levy a tax of five maravedís on each of his barons. The Castilian nobles, however, had been from time immemorial exempt from direct taxation, and they demurred. The contest forms the subject of the well-known *romance* which follows.

ROMANCE DE LOS CINCO MARAVEDÍS

89

En esa ciudad de Burgos — en Cortes se habían juntado
el rey que venció las Navas — con todos los hijosdalgo.
Habló con Don Diego el rey, — con él se había consejado,
que era señor de Bizcaya, — de todos el más privado.
"Consejédesme, Don Diego, — que estoy muy necesitado,
que con las guerras que he hecho — gran dinero me ha faltado.
Querría llegarme a Cuenca, — no tengo lo necesario;
si os pareciese, Don Diego, — por mí fuese demandado
que cinco maravedís — me peche cada hidalgo."
"Grave cosa me parece," — le respondiera él de Haro,
"que querades vos, señor, — al libre hacer tributario;
mas por lo mucho que os quiero, — de mí seréis ayudado,
porque yo soy principal, — de mí os será pagado."
Siendo juntos en las Cortes, — el rey se lo había hablado;
levantado está Don Diego, — como ya estaba acordado.
"Justo es lo que el rey pide, — por nadie le sea negado;
mis cinco maravedís, — hélos aquí de buen grado."
Don Nuño, Conde de Lara, — mucho mal se había enojado;
pospuesto todo temor, — de esta manera ha hablado:
"Aquellos donde venimos — nunca tal pecho han pagado,
nos menos lo pagarémos, — ni al rey tal será dado;
el que quisiere pagarle — quede aquí como villano,
váyase luego tras mí — el que fuere hijodalgo."
Todos se salen tras él; — de tres mil, tres han quedado.
En el campo de la Glera — todos allí se han juntado;
el pecho que el rey demanda — en las lanzas lo han atado,
y envíanle a decir — que el tributo está llegado,
que envíe sus cogedores, — que luego será pagado;
mas que si él va en persona — no será dél acatado;
pero que enviase aquellos — de quien fué aconsejado.
Cuando aquesto oyera el rey, — y que solo se ha quedado,
volvióse para Don Diego, — consejo le ha demandado.
Don Diego, como sagaz, — este consejo le ha dado:
"Desterrédesme, señor, — como que yo lo he causado,
y así cobraréis la gracia — de los vuestros hijosdalgo."

Otorgó el rey el consejo: — a decir les ha enviado
que quien le dió tal consejo — será muy bien castigado,
que hidalgos de Castilla — no son para haber pechado.
Muy alegres fueron todos, — todo se hubo apaciguado;
desterraron a Don Diego — por lo que no había pecado;
mas dende a pocos días, — a Castilla fué tornado.
El bien de la libertad — por ningún precio es comprado.

SAINT FERDINAND III

THE battle of Las Navas de Tolosa in 1212 (as already mentioned) finally broke the power of the Almohads. Then in 1238 Valencia, lost since the Cid's death, fell to the arms of King James the Conqueror, son of Pedro II of Aragon who had fought at Las Navas; and in 1248 the grandson of Alfonso VIII, St Ferdinand III, of Castile and Leon (now at last forming one kingdom), after a long siege became master of Seville, which had succeeded Cordova as the most important of the Moslem cities of the south. The incident related in the following ballad took place during this famous siege.

ROMANCE DE GARCI-PÉREZ DE VARGAS

90

Estando sobre Sevilla — el rey Fernando el tercero,
ese honrado Garci-Pérez — iba con un caballero.
Solos van por un camino — solos van por un sendero;
siete caballeros moros — a ellos venían derechos.
Dijo aquél a Garci-Pérez — "No es bien que los aguardemos,
que dos solos poco somos — para siete caballeros."
Respondiera Garci-Pérez — "No es aqueso de hombres buenos;
mas si vos queréis seguirme — a todos los romperemos."
Su compañero no quiso: — las riendas vuelve partiendo.
Pidió García sus armas — que las lleva su escudero.
Don Lorenzo Gallínaz — y el rey están en un cerro:
Don Lorenzo dijo al rey: — "Veo solo un caballero,
que si los moros le atienden — él hará un hecho muy bueno.
Veréis si no le conocen — un escogido guerrero."
A punto va Garci-Pérez, — su camino va siguiendo;
los moros en un tropel — ademanes van haciendo.
Por medio dellos pasaba — sin que conozca miedo:
en las armas le conocen — y no osaron atendello.
Él se va por su camino; — pero una cofia echa menos

que so el capello traía, — y sin dudar un momento
acuerda volver por ella, — hasta do se puso el yelmo.
El escudero llorando — dijo: "Non fagades eso,
que la cofia vale poco — y podéis perderos cedo."
"Espera aquí, non te cures — que es cofia de mucho prescio,
e labrada por mi amiga; — non la perderé si puedo."
Volviendo por do viniera — alcanzó los moros presto;
ellos que bien lo conocen — non osaron atendello.
Allí hallara su cofia, — vuelvese con ella cedo.
Dijo el rey a Don Lorenzo: — "¡Ay Dios, que buen caballero!"

ALFONSO X, EL SABIO

ALREADY in 1236 St Ferdinand had taken Cordova from the Moslems, the city of Murcia to the east fell in 1243, Seville followed in 1248 (as already described), and in 1250 the port of Cadiz and Xerez de la Frontera capitulated. At Xerez the Castilians were under the command of Ferdinand's son Alfonso, who succeeded to the throne two years later. He is famous as Alfonso the Wise, the author of the great code of laws known as the *Siete Partidas*, and of the *Crónica General*. It is to be presumed that Don Álvar Pérez de Vargas of the following *romance* was a relation of Garci-Pérez mentioned in the ballad given above.

ROMANCE DE DIEGO PÉREZ DE VARGAS

91

Xerez, aquesa nombrada, — cercada era de cristianos:
cercóla el infante Alfonso, — hijo de Fernando el Santo.
Allí está Don Álvar Pérez — que de Vargas es llamado,
y Diego Pérez de Vargas, — y otros nobles hijosdalgo.
La tierra toda la corren, — a Palma habían ya ganado,
captivaron muchos moros, — de muertos cubren el campo.
Abenyud, ese rey moro, — muy gran dolor ha tomado:
apercibiera su gente — los de pie y los de caballo:
tantos eran de los moros, — que hay veinte para un cristiano.
Trabaron sangrienta lid, — muy recio se van matando,
muy ferida es la batalla, — los moros huyen del campo.
Santiago, el buen apóstol, — es el que los va matando:
gran compaña trae consigo, — las armas todas de blanco.
Tras dellos va Diego Pérez, — por fuerte se ha señalado;
andando por la batalla — la lanza se le ha quebrado;
también se quebró su espada, — no tiene armas en su mano.
Llegado se había a un olivo, — un grueso ramo ha quebrado
hecho a manera de porra; — a la lid había tornado.
Matando iba en los moros, — mal los iba lastimando,
al moro que una vez hiere, — no es menester ser curado.
Discurre por la batalla, — hiriendo iba y matando:

cuando lo vido Álvar Pérez, — gran placer había tomado;
agradábanle los golpes, — que Diego Pérez va dando,
díjole: "Diego, machuca, — machuca como esforzado,
no nos quede moro a vida, — todos mueran a tu mano."
Vencidos quedan los moros, — vencidos y amedrantados,
jamás alzaron cabeza, — ni esfuerzo contra cristianos.
Llamáronle a Diego Pérez, — de Machuca el afamado;
de aquel día en adelante — este renombre le han dado.

ALFONSO EL SABIO, who was so remarkable for his learning, possessing abundantly most of the qualities that are useless to a king, lacked most of those that are indispensable to one in that exalted position, being notably unwise in all political matters. His attempt to make good his election to the Imperial Crown, in succession to Conrad son of the Emperor Frederick II, came to nothing, and Rudolf of Hapsburg became Caesar in 1273. But much treasure was spent, and during the absence of Alfonso from Castile his son Sancho successfully conspired against him, also his wife Queen Violante left the palace and fled into Aragon. The troubles of his later years are set forth in the following ballad, which early became celebrated, so that when it was first published in 1454 Alfonso himself was assumed to have been its author. This, however, cannot now be maintained, and competent judges have assigned it to the fifteenth century.

QUERELLAS DEL REY DON ALFONSO X

92

Yo salí de la mi tierra — para ir a Dios servir,
y perdí lo que había — desde mayo hasta abril,
todo el reino de Castilla — hasta allá al Guadalquivir.
Los obispos y prelados — cuidé que metían paz
entre mí y el hijo mío, — como en su decreto yaz.
Estos dejaron aquesto, — y metieron mal asaz,
non a excuso, mas a voces, — bien como el añafil faz.
Falleciéronme parientes, — y amigos que yo había,
con haberes y con cuerpos — y con su caballería.
Ayúdeme Jesucristo — y su madre Santa María,
que yo a ellos me encomiendo, — de noche y también de día.

No he más a quien lo decir, — ni a quien me querellar,
pues los amigos que había — no me osan ayudar;
que por medio de Don Sancho — desamparado me han:
pues Dios no me desampare — cuando por mí ha de enviar;
ya yo oí otras veces — de otro rey así contar,
que con desamparo que hubo, — se metió en alta mar,
a se morir en las ondas — o las venturas buscar;
Apolonio fué aquéste, — e yo haré otro tal.

SANCHO IV

THE dreary reign, lasting eleven years, of Sancho IV, the Ferocious, who succeeded his father Alfonso the Wise in 1284, was one long warring between the king and his rebellious nobles. In this period the chivalrous figure of Guzmán the Good, the Warden of Tarifa, who sacrificed the life of his son rather than yield the castle to the rebels, stands as the type of the Castilian hidalgo in an age of sordid intrigue and treachery. The house of Guzmán (whose chiefs were subsequently the Dukes of Medina Sidonia) figures prominently in later Spanish history. Of this family was Don Gaspar de Guzmán, Count-Duke of Olivares, the all-powerful minister of Philip IV, who lives for us in the portraits by Velazquez. One Duke of Medina Sidonia, forced by Philip II into the command, misled the Invincible Armada and ruined his reputation thereby. Leonora de Guzmán, mother of Henry of Trastamara, but not the wife of his father Alfonso XI, was of much note in the reign of Pedro the Cruel; and she was a direct descendant of Guzmán the Good. He, born in 1255, and the illegitimate son of Pedro de Guzmán, Adelantado of Andalusia, was brought up at the court of Alfonso the Wise; but at an early age he quitted Spain in disgust, crossing over to Morocco, on account of insulting remarks made by his legitimate half-brother. It was the fashion of the day to take service with the Moor, and young Guzmán gained reputation and wealth as captain of the Christian legion fighting for Abú Yúsuf Ya'kúb, the Marinid sultan of Morocco. This sultan died in 1286, being succeeded by his son Abú Ya'kúb Yúsuf, when Guzmán, out of favour, returned to Spain, thereupon receiving a command in the army with which Sancho IV was making war on the Moors of Granada. The fortress of Tarifa, at the southern point of Spain, was the western-most bulwark of the kingdom of Granada, and this after a six months siege Guzmán captured, and was left to hold it by the king. Sancho's chief enemy was at this time his brother the Infante Juan, who was serving in the army of the new Sultan of Morocco Abú Ya'kúb Yúsuf (above mentioned), now the ally of the king of Granada. In 1294 the Moorish forces, led by the rebel Infante Juan, laid siege to Tarifa, and unhappily he had with him in his power the boy, Guzmán's eldest son, whom his father had entrusted some time before to the care of the Infante when he was sent on a mission to the Portuguese king, to whom the Guzmáns were related. What followed is told in the ballad, and the deed became famous throughout Spain, Guzmán being known ever afterwards by the strange title of 'El Bueno,' a title conferred on him by King Sancho.

Romance de Guzmán el Bueno

93

Don Sancho reina en Castilla — que el cuarto era llamado:
el buen rey ganó a Tarifa — de los moros la ha ganado,
y luego la diera en guarda — al muy bueno y esforzado,
que es llamado Alfonso Pérez — de Guzmán el afamado,
muy temido de los moros, — de cristianos muy amado:
muchos moros ha vencido — y dellos ganara el campo.
El rey ha tenido preso — a Don Juan que era su hermano.
Soltólo de la prisión — porque le fué muy rogado.
El infante con mal seso — allende se había pasado
al rey moro Abenyuzaf — de Velamarín nombrado.
Recibiólo bien el moro, — en lo ver mucho se ha holgado.
Don Juan le estaba diciendo — de rodillas humillado,
que le diese de sus gentes — para ir contra su hermano,
y que él cobraría a Tarifa — y la ganará a cristianos,
y se la dará al rey moro — a quien le fuera ganado.
Mucho plugo a Abenyuzaf — de lo que le era demandado:
de a pie le dió muchos moros, — y cinco mil de a caballo.
Entraron por Algecira, — ese castillo nombrado,
luego cercan a Tarifa, — que Don Alfonso ha a su cargo.
Combátenla con porfía, — no la hacen mal ni daño,
por ser bueno el que la guarda, — y el castillo bien cercado.
En el real de los moros, — Don Alfonso, aqueste honrado,
tiene un hijo de valía; — de Don Juan era criado.
El infante con gran saña — mensaje le había enviado
a ese buen Don Alfonso, — que es el que tiene cercado.
Pidióle que a Tarifa — se la dé sin más embargo,
y si luego no la da — su hijo habrá degollado.
El buen alcaide, animoso, — mucho leal y esforzado,
en oyendo este mensaje — esta respuesta había dado.
"Diréis al vuestro señor, — el que a mí os ha enviado,
que a Tarifa yo la tengo — por el rey Sancho su hermano.
Hecho homenaje le tengo — de se la dar, o ser malo;
yo no la daré a ninguno, — sino al que a mí me la ha dado,
y que antes yo moriré — que no ser traidor llamado.
Si él quisiere al hijo mío — luego podrá degollarlo,

y otros diez que yo tuviese, — por no hacer tal desaguisado,
antes de dar a Tarifa, — si no al buen rey castellano."
Luego tomando el cuchillo — por cima el muro lo ha echado.
Junto cayó del real — de que Tarifa es cercado,
dijo: "Mataldo con este, — si lo habéis determinado,
que más quiero honra sin hijo, — que hijo, con mi honor man-
    chado."
El infante con gran saña — que desto había cobrado,
con aquel propio cuchillo — el hijo le ha degollado:
presente el buen caballero — desde el muro lo ha mirado.
Luego fué quitado el cerco, — los moros se habían tornado
allende de do vinieron, — y a Tarifa han descercado,
viendo que era por demás — pensar ellos de ganarlo,
por ser tan bueno el Alcaide, — y en lealtad sublimado.

FERDINAND IV, EL EMPLAZADO

FERDINAND IV succeeded his father Sancho IV in 1295 as a boy, came of age in 1300, and died suddenly at Jaén on the 7th of September, 1312. He is known in Spanish history as *El Emplazado*, 'the Cited,' namely before the Throne of God, having been summoned there to confront them by the brothers Pedro and Juan Carvajal whom he had wrongfully caused to be put to death, exactly thirty days before the date in question. The two brothers had been accused of having compassed the murder of a certain Juan Alonso de Benavides as he was leaving the royal palace in Palencia. The Carvajals strenuously denied the charge, and the evidence was not of a nature to warrant a conviction. The king, who was at Martos, and at that time in perfect health (being busy with the siege of Alcaudete, then in possession of the Moors), for some unexplained grudge ordered the brothers to be thrown down from the summit of the great rock of Martos (which stands a dozen miles to the westward of Jaén, Alcaudete lying some ten miles further to the south-west). The king's sudden death at the appointed time made a deep impression on the public mind, and this was confirmed, says the historian Mariana, when in the course of the next two years Pope Clement V and Philip le Bel of France, these two likewise having been 'cited' by their victim Jacques Molay, the Grand Master of the Templars, in similar case to Ferdinand, both died suddenly at the 'cited' date. The following ballad is said by a contemporary to have been a favourite with the Queen of Castile, Isabel la Católica (wife of Ferdinand of Aragon), who, pitying the fate of the unfortunate Carvajals, would listen sympathetically while the *romance* was sung. The accusation here is otherwise.

ROMANCE DE LOS CARVAJALES

94

Válasme, Nuestra Señora, — cual dicen, de la Ribera,
donde el buen rey Don Fernando — tuvo la su cuarentena.
Desde el miércoles corvillo — hasta el jueves de la Cena,
que el rey no hizo la barba, — ni peinó la su cabeza.
Una silla era su cama, — un canto por cabecera,
los cuarenta pobres comen — cada día a la su mesa;
de lo que a los pobres sobra — el rey hace la su cena,
con vara de oro en su mano — bien hace servir la mesa.

Dícenle sus caballeros: — "¿Dónde irás tener la fiesta?"
"A Jaén, (dice), señores, — con mi señora la reina."
Después que estuvo en Jaén, — y la fiesta hubo pasado,
pártese para Alcaudete, — ese castillo nombrado:
el pie tiene en el estribo, — que aun no se había apeado,
cuando le daban querella — de dos hombres hijosdalgo,
y la querella le daban — dos hombres como villanos:
abarcas traen calzadas — y aguijadas en las manos.
"Justicia, justicia, rey, — pues que somos tus vasallos,
de Don Pedro Caravajal — y de Don Alonso su hermano,
que nos corren nuestras tierras — y nos robaban el campo,
y nos fuerzan las mujeres — a tuerto y desaguisado;
comíannos la cebada — sin después querer pagallo,
hacen otras desvergüenzas — que vergüenza era contallo."
"Yo haré de ello justicia, — tornáos a vuestro ganado."
Manda a pregonar el rey — y por todo su reinado,
de cualquier que lo hallase — le daría buen hallazgo.
Hallólos el almirante — allá en Medina del Campo,
comprando muy ricas armas, — jaeces para caballos,
"Presos, presos, caballeros, — presos, presos, hijosdalgo."
"No por vos, el almirante, — si de otro no traéis mandado."
"Estad presos, caballeros, — que del rey traigo recaudo."
"Plácenos, el almirante, — por complir el su mandado."
Por las sus jornadas ciertas — en Jaén habían entrado.
"Manténgate Dios, el rey." — "Mal vengades, hijosdalgo."
Mándales cortar los pies, — mándales cortar las manos,
y mándalos despeñar — de aquella peña de Martos.
Allí hablara el uno de ellos, — el menor y más osado:
"¿Por qué lo haces, el rey, — por qué haces tal mandado?
Querellámonos, el rey, — para ante el Soberano,
que dentro de treinta días — vais con nosotros a plazo:
y ponemos por testigos — a San Pedro y a San Pablo
ponemos por escribano — al apóstol Santiago."
El rey, no mirando en ello, — hizo complir su mandado
por la falsa información — que los villanos le han dado;
y muertos los Carvajales, — que lo habían emplazado,
antes de los treinta días — él se fallara muy malo,
y desque fueron cumplidos, — en el postrer día del plazo,
fué muerto dentro en [Jaén], — do la sentencia hubo dado.

PETER THE CRUEL

PETER, afterwards known as the Cruel, succeeded his father Alfonso XI
of Castile (son of Ferdinand 'the Cited'), who had been carried off by
the Black Death on Good Friday, 1350, while besieging Gibraltar, at that
time in possession of the King of Granada. Peter, then in his sixteenth
year, at the instance of his mother Queen Maria and Don Juan de
Albuquerque her chief adviser, imprisoned Leonora de Guzmán, his
father's mistress, the mother of his twin half-brothers, Henry of Trastamara and Fadrique, Grand Master of Santiago; and Leonora was done
to death at Talavera, on the Tagus, afterwards entitled 'de la Reina'
in her memory. In 1353 Peter married Blanche de Bourbon (sister of
Jeanne, queen of Charles V of France), having the year previous gone
through some form of marriage with Maria de Padilla. Queen Blanche
was almost immediately set aside, then imprisoned, and she died, still in
confinement, some ten years later. In 1358 his half-brother Fadrique,
coming under a safe-conduct to Seville, was murdered in Peter's presence,
and, it is reported, by his hand. In 1366 Henry of Trastamara, backed
by the nobles, proclaimed himself king of Castile, and supported by the
King of Aragon was crowned at Burgos. The disastrous intervention of
Edward the Black Prince in favour of Peter is matter of English history.
He, in command of a contingent, enabled Peter to gain the battle of
Nájera (on the upper Ebro), and Henry defeated fled through Aragon
across the Pyrenees. Peter repaid the Black Prince by trying, not unsuccessfully, to poison him. In 1369 the reaction against Peter's cruelties
and bad faith gained head. Henry of Trastamara coming over the
Pyrenees marched unopposed from Burgos to Cordova, the cities all
opening their gates to him on his passage. Peter shut himself up in the
castle of Montiel in La Mancha, where Henry with the aid of a French
contingent under Du Guesclin blockaded him. Peter now attempted to
bribe the French commander; but was himself hoodwinked. He came
to Du Guesclin's tent at nightfall on the 23rd of March, imagining that
Du Guesclin had consented to deliver Henry into his hands. But in the
tent he found his half-brother waiting him, armed, and knew that he was
betrayed. Hand to hand the brothers fought savagely: Peter the Cruel
fell mortally wounded, and Henry of Trastamara became king of Castile.
The ballads, none of which date, directly or indirectly, from the days
of Don Pedro (when it would have been risky to make songs about him),
are for the most part far more favourable to his memory than history

would warrant. The author of the following ballad seeks to explain, if not to justify, the taking off of Don Fadrique and Queen Blanche, by crediting the two with criminal relations. From everything that is authentically known about Blanche of Bourbon, she was entirely innocent; and whatever may have been the political crimes of Don Fadrique he was guilty of no intrigue against his brother's honour.

ROMANCE DE DON FADRIQUE Y DOÑA BLANCA

95

Entre las gentes se suena, — y no por cosa sabida,
que de ese buen Maestre — Don Fadrique de Castilla
la reina estaba preñada; — otros dicen que parida.
No se sabe por de cierto, — mas el vulgo lo decía:
ellos piensan que es secreto, — ya esto no se escondía.
La reina con su [pajecico] — por Alonso Pérez envía,
mandóle que viniese — de noche y no de día:
secretario es del Maestre, — en quien fiarse podía.
Cuando lo tuvo delante, — de esta manera decía:
"¿Adónde está el Maestre? — ¿Qué es dél que no parescía?
¡Para ser de sangre real, — hecho ha gran villanía!
Ha deshonrado mi casa, — y dícese por Sevilla
que una de mis doncellas — del Maestre está parida."
"El Maestre, mi señora, — tiene cercada a Coimbra,
y si vuestra Alteza manda, — yo luego lo llamaría;
y sepa vuestra Alteza — que el Maestre no se escondía:
lo que vuestra Alteza dice, — debe ser muy gran mentira."
"No lo es," dijo la reina, — "que yo te lo mostraría."
Mandara sacar un niño — que en su palacio tenía:
sacólo su camarera — envuelto en una faldilla.
"Mirá, mirá, Alonso Pérez, — el niño, ¿a quién parescía?"
"Al Maestre, mi señora," — Alonso Pérez decía.
"Pues daldo luego a criar, — y a nadie esto se diga."
Sálese Alonso Pérez, — ya se sale de Sevilla;
muy triste queda la reina, — que consuelo no tenía;
llorando de los sus ojos, — de la su boca decía:
"Yo, desventurada reina, — más que cuantas son nascidas,
casáronme con el rey — por la desventura mía.

De la noche de la boda — nunca más visto lo había,
y su hermano el Maestre — me ha tenido compañía.
Si esto ha pasado, — toda la culpa era mía.
Si el rey Don Pedro lo sabe, — de ambos se vengaría;
mucho más de mí, la reina, — por la mala suerte mía."
Ya llegaba Alonso Pérez — a Llerena, aquesa villa:
puso el infante a criar — en poder de una judía;
criada fué del Maestre, — Paloma por nombre había;
y como el rey Don Enrique — reinase luego en Castilla,
tomara aquel infante — y almirante lo hacía:
hijo era de su hermano, — como el romance decía.

ON Tuesday the 29th of May of the year 1358 Peter (as has been stated) killed his brother Fadrique, Master of Santiago, in the Cuadra de los Azulejos—the Blue-tiled Court—of the Alcázar of Seville. Pedro de Ayala, who gives a graphic account of the murder in his *Crónica*, states that so far from desiring Fadrique's death Maria de Padilla (Don Pedro's mistress) was the friend throughout of the unfortunate Master, and did her utmost to save his life. The ballad is remarkable in this, that the spokesman is the murdered man himself, who relates what happened to him.

ROMANCE DE DON FADRIQUE

96

Yo me estaba allá en Coimbra — que yo me la hube ganado,
cuando me vinieron cartas — del rey Don Pedro mi hermano
que fuese a ver los torneos — que en Sevilla se han armado.
Yo Maestre sin ventura, — yo maestre desdichado,
tomara trece de mula, — veinte y cinco de caballo,
todos con cadenas de oro — y jubones de brocado:
jornada de quince días — en ocho la había andado.
A la pasada de un río, — pasándole por el vado,
cayó mi mula conmigo, — perdí mi puñal dorado,
ahogáraseme un paje — de los míos más privado,
criado era en mi sala, — y de mí muy regalado.
Con todas estas desdichas — a Sevilla hube llegado;
a la puerta Macarena — encontré con un ordenado,
ordenado de evangelio — que misa no había cantado:

"Manténgate Dios, Maestre, — Maestre, bien seáis llegado.
Hoy te ha nacido hijo, — hoy cumples veinte y un año.
Si te pluguiese, Maestre, — volvamos a baptizallo,
que yo sería el padrino, — tú, Maestre, el ahijado."
Allí hablara el Maestre, — bien oiréis lo que ha hablado:
"No me lo mandéis, señor, — padre, no queráis mandallo,
que voy a ver qué me quiere — el rey Don Pedro mi hermano."
Dí de espuelas a mi mula, — en Sevilla me hube entrado;
de que no vi tela puesta — ni vi caballero armado,
fuíme para los palacios — del rey Don Pedro mi hermano.
En entrando por las puertas, — las puertas me habían cerrado;
quitáronme la mi espada, — la que traía a mi lado;
quitáronme mi compañía, — la que me había acompañado.
Los míos desque esto vieron — de traición me han avisado,
que me saliese yo fuera — que ellos me pondrían en salvo.
Yo, como estaba sin culpa, — de nada hube curado;
fuíme para el aposento — del rey Don Pedro mi hermano:
"Manténgaos Dios, el rey, — y a todos de cabo a cabo."
"Mal hora vengáis, Maestre, — Maestre, mal seáis llegado:
nunca nos venís a ver — sino una vez en el año,
y esta que venís, Maestre, — es por fuerza o por mandado.
Vuestra cabeza, Maestre, — mandada está en aguinaldo."
"¿Por qué es aqueso, buen rey? — nunca os hice desaguisado,
ni os dejé yo en la lid, — ni con moros peleando."
"Venid acá, mis porteros, — hágase lo que he mandado."
Aun no lo hubo bien dicho, — la cabeza le han cortado;
a Doña María de Padilla — en un plato la ha enviado;
así hablaba con él — como si estuviera sano.
Las palabras que le dice, — de esta suerte está hablando.
"Aquí pagaréis, traidor, — lo de antaño y lo de ogaño,
el mal consejo que diste — al rey Don Pedro tu hermano."
Asióla por los cabellos, — echado se la ha a un alano;
el alano es del Maestre, — púsola sobre un estrado,
a los aullidos que daba — atronó todo el palacio.
Allí demandara el rey: — "¿Quién hace mal a ese alano?"
Allí respondieron todos — a los cuales ha pesado:
"Con la cabeza lo ha, señor, — del Maestre vuestro hermano."
Allí hablara una su tía — que tía era de entrambos:
"¡Cuán mal lo mirastes, rey! — rey, ¡qué mal lo habéis mirado

por una mala mujer — habéis muerto un tal hermano."
Aun no lo había bien dicho, — cuando ya le había pesado.
Fuése para Doña María, — de esta suerte le ha hablado:
"Prendelda, mis caballeros, — ponédmela a buen recado,
que yo le daré tal castigo — que a todos sea sonado."
En cárceles muy escuras — allí la había aprisionado;
él mismo le da a comer, — él mismo con la su mano:
no se fía de ninguno — sino de un paje que ha criado.

THE following ballad gives the popular account of the death of Queen
Blanche. The facts of the case are that neither the exact date, nor the
place (whether Medina Sidonia or Xerez de la Frontera), nor even the
manner of her death, is accurately known. She had been kept in close
confinement for about ten years, and was over twenty-five years of age,
not sixteen, at the time she died. Further it seems probable that her
death was not due to violence, nor to the machinations of Maria de
Padilla. The scourge of the Black Death was at that period raging
throughout Andalusia, and the poor broken-hearted queen would
appear to have been one of its victims.

ROMANCE DE LA REINA DOÑA BLANCA

97

"Doña María de Padilla, — no os mostredes triste, no:
si me descasé dos veces, — hícelo por vuestro amor,
y por hacer menosprecio — de Doña Blanca de Borbón:
a Medina Sidonia envío — que me labren un pendón;
será de color de sangre, — de lágrimas su labor:
tal pendón, Doña María, — se hace por vuestro amor."
Llamara Alonso Ortiz, — que es un honrado varón,
para que fuese a Medina — a dar fin a la labor.
Respondió Alonso Ortiz: — "Eso, señor, no haré yo,
que quien mata a su señora — es aleve a su señor."
El rey no le respondiera; — en su cámara se entró:
enviara por dos maceros, — los cuales él escogió.
Estos fueron a la reina, — halláronla en oración;
la reina como los viera, — casi muerta se cayó;
mas después que en sí tornara, — esforzada les habló:
"Ya sé a qué venís, amigos, — que mi alma lo sintió;

aqueso que está ordenado — no se puede excusar, no.
¡Oh Castilla! ¿Qué te hice? — No por cierto traición.
¡Oh Francia, mi dulce tierra! — ¡Oh mi casa de Borbón!
Hoy cumplo dieciseis años, — a los diecisiete muero yo.
El rey no me ha conocido, — con las vírgenes me vo.
Doña María de Padilla, — esto te pardono yo;
por quitarte de cuidado — lo hace el rey mi señor."
Los maceros le dan priesa, — ella pide confesión;
perdonáralos a ellos, — y puesta en su oración,
danle golpes con las mazas, — y ansí la triste murió.

Among the ballads dealing with the sombre catastrophes of Pedro's
eighteen years of reign, the one which follows has a pleasant vein of
comedy. It relates how Don Gutierre Gómez de Toledo, the Prior of
the Order of St John of Jerusalem (the Knights Hospitallers), by bor-
rowing the clothes of his cook outwitted King Pedro, who was attempting
his life; instigated thereto by his enemy Don Rodrigo de Padilla, a
brother (or kinsman) of Doña Maria. King Pedro's father Alfonso XI
had got rid of his troublesome cousin, Don Juan el Tuerto (One-Eyed),
by inviting him to a banquet at the palace in Toro, and there arranging
his assassination. Don Pedro, however, this time was not successful in
emulating his father.

ROMANCE DEL PRIOR DE SANT JUAN

98

Don Rodrigo de Padilla, — aquel que Dios perdonase,
tomara al rey por la mano — y apartólo en puridad:
"Un castillo está en Consuegra — que en el mundo no lo hay tal:
más vale para vos, el rey, — que para el prior de Sant Juan.
Convidédesle, el buen rey, — convidédesle a cenar,
la cena que vos le diésedes — fuese como en Toro a Don Juan,
que le cortéis la cabeza — sin ninguna piedad:
desque se la hayas cortado, — en tenencia me la dad."
Ellos en aquesto estando, — el prior llegado ha.
"Mantenga Dios a tu Alteza, — y a tu corona real."
"Bien vengáis vos, el prior, — el buen prior de Sant Juan.
Digádesme, el prior, — digádesme la verdad:
¿el castillo de Consuegra, — digades, por quién está?"

"El castillo con la villa — está todo a tu mandar."
"Pues convídoos, el prior, — para conmigo a cenar."
"Pláceme," dijo el prior, — "de muy buena voluntad.
Déme licencia tu Alteza, — licencia me quiera dar,
mensajeros nuevos tengo, — irlos quiero aposentar."
"Vais con Dios, el buen prior, — luego vos queráis tornar."
Vase para la cocina, — donde el cocinero está:
así hablaba con él — como si fuera su igual:
"Tomes estos mis vestidos, — los tuyos me quieras dar;
ya después de medio día — saliéseste a pasear."
Vase a la caballeriza — donde el macho suele estar.
"De tres me has escapado, — con esta cuatro serán,
y si de esta me escapas, — de oro te haré herrar."
Presto le echó la silla, — comienza de caminar.
Media noche era por filo, — los gallos quieren cantar
cuando entra por Toledo, — por Toledo, esa ciudad.
Antes que el gallo cantase — a Consuegra fué a llegar.
Halló las guardas velando, — empiézales de hablar:
"Digádesme, veladores, — digádesme la verdad:
¿el castillo de Consuegra, — digades, por quién está?"
"El castillo con la villa — por el prior de Sant Juan."
"Pues abrádesme las puertas, — catalde aquí donde está."
La guarda desque lo vido — abriólas de par en par.
"Tomédesme allá este macho, — y dél me queráis curar:
dejadme a mí la vela, — porque yo quiero velar.
¡Velá, velá, veladores, — que rabia os quiera matar!
que quien a buen señor sirve, — este galardón le dan."
Y él estando en aquesto — el buen rey llegado ha:
halló a las guardas velando, — comiénzales de hablar:
"Digádesme, veladores, — que Dios os quiera guardar:
¿el castillo de Consuegra, — digades, por quién está?"
"El castillo con la villa, — por el prior de Sant Juan."
"Pues abrádesme las puertas; — catalde aquí donde está."
"Afuera, afuera, el buen rey, — que el prior llegado ha."
"¡Macho rucio, macho rucio, — muermo te quiera matar!
¡siete caballos me cuestas, — y con este ocho serán!
Abridme, el buen prior, — allá me dejéis entrar;
por mi corona te juro — de nunca te hacer mal."
"Harélo eso, el buen rey, — que ahora en mi mano está."

The following ballad is one of those describing the fratricidal conflict of the brothers in the camp outside the walls of Montiel in La Mancha.

MUERTE DEL REY DON PEDRO

99

Los fieros cuerpos revueltos — entre los robustos brazos
están el cruel Don Pedro — y Don Enrique su hermano.
No son abrazos de amor — los que los dos se están dando,
que el uno tiene una daga — y otro un puñal acerado.
Él Rey tiene a Enrique estrecho — y Enrique al Rey apretado,
uno en cólera encendido — y otro de rabia abrasado:
y en aquesta fiera lucha — sólo un testigo se ha hallado,
paje de espada de Enrique — que de afuera mira el caso.
Después de luchar vencidos — ¡oh suceso desgraciado!
que ambos vinieron al suelo, — y Enrique cayó debajo.
Viendo el paje a su señor — en tan peligroso caso,
por detrás al Rey se allega, — reciamente de él tirando,
diciendo, "No quito Rey — ni pongo Rey de mi mano,
pero hago lo que debo — al oficio de criado."
Y dió con el Rey de espaldas — y Enrique vino a lo alto,
hiriendo con un puñal — en el pecho del Rey falso,
donde a vueltas de la sangre, — el vital hilo cortando,
salió el alma más cruel — que vivió en pecho cristiano.

The last of the ballads on Pedro the Cruel is the Lament, a very striking *romance*, remarkably favourable to Peter, and having a recurrent double refrain (*estribillo*) which adds much to the musical effect: harmonising and combining the sentiments common to both the victors and the vanquished.

LAMENTO SOBRE EL REY DON PEDRO

100

A los pies de Don Enrique — yace muerto el rey Don Pedro,
más que por su valentía — por voluntad de los cielos.
Al envainar el puñal — el pie le puso en el cuello,
que aun allí no está seguro — de aquel invencible cuerpo.

Riñieron los dos hermanos — y de tal suerte riñieron,
que fuera Caín el vivo — a no haberlo sido el muerto.
Los ejércitos movidos — a compasión y contento,
mezclados unos con otros — corren a ver el suceso.
      Y los de Enrique
      cantan, repican, y gritan:
      "Viva Enrique"; y los de Pedro
      clamorean, doblan, lloran
      su Rey muerto.
Unos dicen que fué justo, — otros dicen que mal hecho,
que el Rey no es cruel si nace — en tiempo que importa serlo,
y que no es razón que el vulgo — con el Rey entre a consejo,
a ver si casos tan graves — han sido bien o mal hechos;
y que los yerros de amor — son tan dorados y bellos,
cuanto la hermosa Padilla — ha quedado por ejemplo;
que nadie verá sus ojos — que no tenga al Rey por cuerdo,
mientras como otro Rodrigo — no puso fuego a su reino.
      Y los de Enrique
      cantan, repican, y gritan:
      "Viva Enrique"; y los de Pedro
      clamorean, doblan, lloran
      su Rey muerto.
Los que con ánimos viles, — o por lisonja o por miedo,
siendo del bando vencido — al vencedor siguen luego,
valiente llaman a Enrique, — y a Pedro tirano y ciego,
porque amistad y justicia — siempre mueren con el muerto.
La tragedia del Maestre, — la muerte del hijo tierno,
la prisión de Doña Blanca, — sirven de infame proceso.
Algunos pocos leales — dan voces, pidiendo al cielo
justicia, pidiendo al Rey, — y mientras que dicen esto,
      Los de Enrique
      cantan, repican, y gritan
      "Viva Enrique"; y los de Pedro
      clamorean, doblan, lloran
      su Rey muerto.
Llora la hermosa Padilla — el desdichado suceso
como esclava del rey vivo, — y como viuda del muerto.
"¡Ay, Pedro, que muerte infame — te han dado malos consejos,
confianzas engañosas, — y atrevidos pensamientos!"

Salió corriendo a la tienda, — y vió con triste silencio
llevar cubierto a su esposo — de sangre y de paños negros;
y que en otra parte a Enrique — le dan con aplauso el cetro.
Campanas tocan los unos, — y los otros, instrumentos;
    Y los de Enrique
    cantan, repican, y gritan
    "Viva Enrique"; y los de Pedro
    clamorean, doblan, lloran
    su Rey muerto.
Como acrecienta el dolor — la envidia del bien ajeno,
y el ver a los enemigos — con favorable suceso;
así la triste señora — llora y se deshace, viendo
cubierto a Pedro de sangre, — y a Enrique de oro cubierto.
Echó al cabello la mano, — sin tener culpa el cabello,
y mezclando perlas y oro, — de oro y perlas cubrió el cuello:
quiso decir, "Pedro," a voces, — "¡villanos, vive en mi pecho!"
mas poco le aprovechó; — y mientras lo está diciendo,
    Los de Enrique
    cantan, repican, y gritan
    "Viva Enrique"; y los de Pedro
    clamorean, doblan, lloran
    su Rey muerto.
Rasgó las tocas mostrando — el blanco pecho encubierto,
como si fuera cristal — por donde se viera Pedro.
No la vieron los contrarios, — y vióla invidioso el cielo,
de ver en tan poca nieve — un elemento de fuego;
desmayóse, ya vencida — del poderoso tormento,
cubriendo los bellos ojos — muerte, amor, silencio, y sueño.
Entre tanto el campo todo — aquí y allí van corriendo,
vencedores y vencidos, — soldados y caballeros;
    Y los de Enrique
    cantan, repican, y gritan
    "Viva Enrique"; y los de Pedro
    clamorean, doblan, lloran
    su Rey muerto.

JUAN I OF CASTILE

On more than one occasion Spain has tried to overcome and absorb Portugal: but ever unsuccessfully, except for the forty years (1580–1620) following on the death of King Sebastian, when the Portuguese lost their independence, and the country became part of the Spanish empire. On a previous occasion, some two centuries before the days of Philip II, Spain was not successful in the attempt. In 1383 King Ferdinand of Portugal, the only son of Pedro IV, died, with no issue but a daughter, Beatriz, married to Juan I of Castile, the son and the successor of Henry of Trastamara. In her name Castile claimed the kingdom of Portugal: but the Portuguese would have none of it. Though the legitimate male line was extinct, King Pedro IV had left a very notable illegitimate son João, Grand Master of Áviz, half-uncle therefore of Beatriz. Juan I of Castile invaded Portugal, was met by Joao at Aljubarrota, about 80 miles to the north of Lisbon, and defeated on August 14, 1385, in the famous battle, which to commemorate the monastery of Batalha (Battle) was subsequently founded by King João. In the fight Juan I of Castile, hotly pursued, barely escaped. How one of his barons gave him his horse, thus saving the king's life, but at the expense of his own, is the subject of the following ballad.

La batalla de Aljubarrota

101

"Si el caballo vos han muerto, — subid, rey, en mi caballo;
si en pie no podéis tenervos, — llegad, subirvos he en brazos.
Poned un pie en el estribo, — y el otro sobre mis manos;
catad que cresce el gentío: — maguer fine yo, salvadvos.
Un tanto es blando de boca — bien como a tal sofrenadlo;
non vos empache el pavor; — dalde rienda y picad largo.
Lo que sembrastes en mí — vos lo torno mejorado,
que nunca la buena tierra — negó el fruto ningún año.
Non vos obligo en tal fecho — nin me fincáis adeudado,
que tal escatima deben — a los reyes sus vasallos:
y si es verdad lo que digo, — non dirán los castellanos
en oprobio de mis canas — que vos debo y non vos pago;

nin las dueñas de Castilla, — que a sus maridos fidalgos
dejo en el campo difuntos — e salgo vivo del campo.
Menos causo tuvo Eneas, — pues cuando fizo otro tanto,
tan sólo salvó a su padre, — y al padre de todos salvo.
Pero si en la lid sangrienta, — por la dicha del contrario,
en vueso servicio, rey, — finco yo fecho pedazos,
a Diágote os encomiendo; — catad por aquel mochacho;
sed padre e amparo suyo, — e Dios sea en vuestro amparo."
Esto dijo el montañés, — señor de Hita y Buitrago,
al rey Don Juan el primero, — y entróse a morir lidiando.

JUAN II OF CASTILE

THE following short ballad is one of the two oldest that have come down to us, and is indeed the oldest of those of which the musical accompaniment is extant. Its composition dates from 1430. Juan II (grandson of Juan I of Aljubarrota fame), king of Castile, is chiefly known for his literary tastes, and as the father (in 1451) of Queen Isabella the Catholic. During many of the years of his long reign (1406 to 1454) he was completely dominated by his minister, the magnificent Álvaro de Luna, Constable of Castile. The upstart Constable was especially hateful to the nobles, they welcoming the intrigues of the three Infantes of Aragon, brothers of the Aragonese king Alfonso V, who had married Maria, sister of Juan II of Castile. The three Infantes had the support of their sister-in-law Queen Maria (aforesaid), the regent of Aragon during the absence of her husband Alfonso in his Italian campaigns, waged for the purpose of making good his claim to the throne of Naples and Sicily. In Castile, civil war had been raging for many years, and at the date mentioned above (1430) the three Aragonese Infantes had penetrated south as far as the border-lands lying between Spain and Portugal, entrenching themselves in Alburquerque, the strongest fortress of that region, which stands some thirty miles due north of Badajoz. Don Álvaro de Luna imagined that he had effected an understanding with the Infantes, they promising to surrender if the king in person came to Alburquerque, but when Juan II appeared before the castle, escorted by the Constable and a small army, his Aragonese brothers-in-law (his queen was their sister) went back on the compact; he was thereupon constrained to retire in confusion, the Constable bearing him company. In the ballad it is King Juan who speaks.

LOS INFANTES DE ARAGÓN

102

"Alburquerque, Alburquerque, — bien mereces ser honrado
en ti están los tres infantes — hijos del rey Don Fernando.
Desterrélos de mis reinos, — desterrélos por un año;
Alburquerque era muy fuerte, — con él se me habían alzado
¡Oh Don Álvaro de Luna, — cuán mal que me habías burlado!
Dixísteme que Alburquerque — estaba puesto en un llano,
véole yo cavas hondas — y de torres bien cercado;
dentro mucha artillería, — gente de pie y de caballo,
y en aquella torre mocha — tres pendones han alzado,
el uno por Don Enrique, — otro por Don Juan su hermano,
el otro era por Don Pedro, — infante desheredado."
Álcese luego el real — que excusado era tomallo.

ALFONSO V OF ARAGON

KING DON JAIME (James) of Aragon, the Conqueror, who in 1238 had
won back Valencia from the Moslems, was succeeded by his son Pedro
III, the Great (1276–1285), who married Constance, heiress of Sicily, the
granddaughter of the Emperor Frederick II. The kings of Aragon from
this time onward being freed of the Moors, turned to conquests in Italy,
seeking to add Naples to their Sicilian kingdom. In the 15th century
Alfonso V (1416–1458), leaving his wife queen Maria of Castile—as was
mentioned on a previous page—to be regent in Aragon, after various
adventures, being adopted as her son and successor by the Angevin queen
of Naples, Joanna, gained temporary possession of that city, where he
installed his brother Pedro as governor. Pedro however was killed in
September 1438, by a cannon shot which took off half his head. Naples
changed hands more than once, but in February 1443 Alfonso V made
his final and triumphant entry into the city, where he reigned till his
death in 1458, undisputed king of the Two Sicilies and Aragon. In the
following short ballad, written it would appear by an Aragonese soldier
in the king's army, Alfonso, still encamped before the walls of Naples,
laments the death of his brother Pedro, and of a favourite page:—this,
with exile during a score of years from home and wife, being the heavy
price he has had to pay for his success in arms.

ROMANCE DEL REY DE ARAGÓN

103

Miraba de Campo-Viejo — el rey de Aragón un día,
miraba la mar de España — cómo menguaba y crecía;
mira naos y galeras, — unas van y otras venían:
unas cargadas de sedas, — y otras de ropas finas,
unas van para Levante, — otras van para Castilla.
Miraba la gran ciudad — que Nápoles se decía:
"¡Oh ciudad, cuánto me cuestas — por la gran desdicha mía!
Cuéstasme veinte y un años, — los mejores de mi vida,
cuéstasme un tal hermano — que más que un Hector valía,
querido de caballeros — y de damas de valía;
cuéstasme los mis tesoros, — los que guardados tenía;
cuéstasme un pajecico — que más que a mí lo quería."

MOSLEM HISTORICAL BALLADS

MOSLEM HISTORICAL BALLADS

Moslem Spain at the date (1252) of the accession of Alfonso X, el Sabio, to the throne of Castile and Leon had shrunk to the territory of the kingdom of Granada. And for yet two centuries and a half, ever shrinking by reason of Christian inroads, Granada was to remain under the rule of the Nasrids. The founder of this dynasty, Muhammad al Ahmar, 'the Red' (1232–1273), had been the humble ally of Saint Ferdinand, father of Alfonso X. The Moslem frontier ran from the sea to the westward of Tarifa point, by the Ronda mountains to a point south of Jaén, and thence curving down again to the sea, west of Cartagena. The valley of the Guadalquivir was Christian land: the upper valleys of the Xenil, its affluent, Moslem. Into the Granada territory had been crowded the Moslems from the cities conquered by Saint Ferdinand. His kingdom, on the other hand, was depopulated, and ravaged by the recent war. Christian Spain was long in gaining a settlement: Castile and Leon were not to be united with Aragon until the days of Ferdinand and Isabella. From the middle of the 13th century the truce between the warriors of the two faiths was never of long duration: raids and reprisals over the border were constant, and the chronicle of these is found in the *Romances Fronterizos*, the 'Border Ballads,' some of which are the best of the present collection. The earliest of them is the following ballad, dating from the 14th century, on the siege of Baeza, which, with the neighbouring town of Úbeda, stands at no great distance to the north of the line of the upper Guadalquivir. In the year 1362 Muhammad V was restored to the throne of Granada on the opportune death of his cousin Muhammad VI, who had been lured under safe-conduct to Seville by Pedro the Cruel and there murdered, Pedro on this occasion becoming possessed of the Great Ruby, which he parted with to the Black Prince and which is still one of the English crown jewels. Muhammad V (aforesaid) allied himself with Pedro against Henry of Trastamara, and raided out of Moslem territories, laying siege to Cordova. Next Jaén, south of the Guadalquivir, and Úbeda north of it were taken and sacked: and the neighbouring Baeza thereupon invested. Baeza was successfully defended by Ruy Fernández de Fuenmayor, who gained the surname of '*de los Escuderos*' for his gallant sally at the head of his esquires, when he drove the Moors back. There is good reason for the conjecture that by the '*traidor Pero Gil*' of the ballad no less a personage than Don Pedro the Cruel is meant, this, it is assumed, being a nickname given to him by the victorious partisans of Trastamara.

ROMANCE DEL CERCO DE BAEZA

104

Cercada tiene a Baeza — ese arráez Audalla Mir
con ochenta mil peones — caballeros cinco mil.
Con él va ese traidor — el traidor de Pero Gil.
Por la puerta de Bedmar — la empieza de combatir;
ponen escalas al muro; — comienzan le a conquerir;
ganada tiene una torre — non le pueden resistir,
cuando de la de Calonge — escuderos vi salir.
Ruy Fernández va delante — aquese caudillo ardil;
arremete con Audalla, — comienza de le ferir,
cortado le ha la cabeza; — los demás dan a fuir.

In August 1407 Baeza sustained a second and more famous siege by the armies of Granada. This was in the reign of Muhammad VII, grandson of Muhammad V, and the defence was conducted by Pero Díaz de Quesada, lord of Garcíez. The Moors burnt the suburbs, but failed to take the city. The ballad, as will be noted, takes the form of a harangue to his men by the King of Granada.

ROMANCE DEL ASALTO DE BAEZA

105

"Moricos, los mis moricos, — los que ganáis mi soldada,
derribédesme a Baeza, — esa villa torreada,
y a los viejos y a los niños — los traed en cabalgada,
y a los mozos y varones — los meted todos a espada,
y a ese viejo Pero Díaz — prendédmelo por la barba,
y aquesa linda Leonor — será la mi enamorada.
Id vos, capitán Vanegas, — porque venga más honrada,
que si vos sois mandadero, — será cierta la jornada."

JAEN, lying between Granada and Baeza, had surrendered to Saint Ferdinand in 1246, who established it as a bishopric. It was sacked by the Moors (as already mentioned) in 1368, but reoccupied by the Christians. Then in October 1407, shortly after their attempt on Baeza, they once more came up against Jaén, when Pero Díaz de Quesada with other knights beat off the enemy, and in a sally utterly routed them. On this occasion Reduán, Muhammad VII's chief captain, was slain. The following fragment of an old ballad, all that has come down to us, gives the King of Granada's exhortation to Reduán, as he set forth at the head of the Moslem foray.

ROMANCE DE REDUÁN

106

"Reduán, bien se te acuerda — que me diste la palabra
que me darías a Jaén — en una noche ganada.
Reduán, si tú lo cumples, — daréte paga doblada,
y si tú no lo cumplieres, — desterrarte he de Granada;
echarte he en una frontera — do no goces de tu dama."
Reduán le respondía — sin demudarse la cara:
"Si lo dije no me acuerdo, — mas cumpliré mi palabra."
Reduán pide mil hombres, — el rey cinco mil le daba.

AT the age of two Juan II of Castile (1406–1454, see above, Ballad 102) succeeded his father Henry III (grandson of Henry of Trastamara), and the government was in the capable hands of his father's brother the Good Regent Ferdinand, who subsequently by election became king of Aragon. One of the first notable acts of the Regency was the famous siege of Antequera in 1410, which lasted for over five months and gave rise to prodigies of valour on both sides. Antequera stands in the broad valley of the Guadalhorce, which flows out to the sea a short distance to the west of Malaga. Strategically it commands the roads to Granada from the south-west: it lies some thirty miles directly north of Malaga, and about sixty to the west of Granada. The Regent Ferdinand commanded in person, and the King of Granada, Yúsuf III, despatched an army of 80,000 foot and 50,000 horse from Archidona hoping to raise the siege. The Moslems however were routed with immense slaughter in the battle of the 16th of May (1410), and shortly after this the city capitulated. Archidona, under its three conical hills, lies on the Granada road a dozen miles east of Antequera, from which its hill-tops are visible. The next four ballads all deal with this famous siege of Antequera.

ROMANCE DE ANTEQUERA

107

De Antequera partió el moro — tres horas antes del día,
con cartas en la su mano — en que socorro pedía.
Escritas iban con sangre, — mas no por falta de tinta.
El moro que las llevaba — ciento y veinte años había;
la barba tenía blanca, — la calva le relucía;
toca llevaba tocada, — muy grande precio valía.
La mora que la labrara — por su amiga la tenía;
alhaleme en su cabeza — con borlas de seda fina;
caballero en una yegua, — que caballo no quería.
Solo con un pajecico — que le tenga compañía,
no por falta de escuderos, — que en su casa hartos había.
Siete celadas le ponen — de mucha caballería,
mas la yegua era ligera, — de entre todos se salía;
por los campos de Archidona — a grandes voces decía:
"¡Oh buen rey, si tú supieses — mi triste mensajería,
mesarías tus cabellos — y la tu barba vellida!"
El rey, que venir lo vido, — a recebirlo salía
con trescientos de caballo, — la flor de la morería.
"Bien seas venido, el moro, — buena sea tu venida."
"Alá te mantenga, el rey, — con toda tu compañía."
"Dime, ¿qué nuevas me traes — de Antequera, esa mi villa?"
"Yo te las diré, buen rey, — si tú me otorgas la vida."
"La vida te es otorgada, — si traición en ti no había."
"¡Nunca Alá lo permetiese — hacer tan gran villanía!
mas sepa tu real Alteza — lo que ya saber debría,
que esa villa de Antequera — en grande aprieto se vía,
que el infante Don Fernando — cercada te la tenía.
Fuertemente la combate — sin cesar noche ni día;
manjar que tus moros comen, — cueros de vaca cocida:
buen rey, si no la socorres, — muy presto se perdería."
El rey, cuando aquesto oyera, — de pesar se amortecía;
haciendo gran sentimiento, — muchas lágrimas vertía;

rasgaba sus vestiduras, — con gran dolor que tenía,
ninguno le consolaba, — porque no lo permitía;
mas después, en sí tornando, — a grandes voces decía:
"Tóquense mis añafiles, — trompetas de plata fina;
júntense mis caballeros — cuantos en mi reino había,
vayan con mis dos hermanos — a Archidona, esa mi villa,
en socorro de Antequera, — llave de mi señoría."
Y ansí con este mandado — se juntó gran morería;
ochenta mil peones fueron — el socorro que venía,
con cinco mil de caballo, — los mejores que tenía.
Ansí en la Boca del Asna — este real sentado había
a vista dél del infante, — el cual ya se apercebía,
confiando en la gran vitoria — que de ellos Dios le daría,
sus gentes bien ordenadas: — de San Juan era aquel día,
cuando se dió la batalla — de los nuestros tan herida,
que por ciento y veinte muertos — quince mil moros había.
Después de aquesta batalla — fué la villa combatida
con lombardas y pertrechos, — y con una gran bastida,
con que le ganan las torres — de donde era defendida.
Después dieron el castillo — los moros a pleitesía,
que libres con sus haciendas — el infante los pornía
en la villa de Archidona, — lo cual todo se cumplía;
y ansí se ganó Antequera — a loor de Santa María.

La escaramuza de Alcalá

108

La mañana de Sant Juan — al tiempo que alboreaba,
gran fiesta hacen los moros — por la Vega de Granada.
Revolviendo sus caballos, — y jugando de las lanzas,
ricos pendones en ellas — broslados por sus amadas,
ricas marlotas vestidas — tejidas de oro y grana:
el moro que amores tiene — señales de ello mostraba,
y el que no tenía amores — allí no escaramuzaba.
Las damas moras los miran — de las torres del Alhambra,
también se los mira el rey — de dentro de la Alcazaba.
Dando voces vino un moro — con la cara ensangrentada:
"Con tu licencia, el rey, — te diré una nueva mala:

el infante Don Fernando — tiene a Antequera ganada;
muchos moros deja muertos, — yo soy quien mejor librara;
siete lanzadas yo traigo, — el cuerpo todo me pasan;
los que conmigo escaparon — en Archidona quedaban."
Con la tal nueva el rey — la cara se le demudaba:
manda juntar sus trompetas — que toquen todas al arma,
manda juntar a los suyos, — hace muy gran cabalgada,
y a las puertas de Alcalá, — que la real se llamaba,
los cristianos y los moros — una escaramuza traban.
Los cristianos eran muchos, — mas llevaban orden mala;
los moros, que son de guerra, — dádoles han mala carga;
de ellos matan, de ellos prenden, — de ellos toman en celada.
Con la victoria, los moros — van la vuelta de Granada,
a grandes voces decían: — "¡La victoria ya es cobrada!"

La pérdida de Antequera

109

Suspira por Antequera — el rey moro de Granada:
no suspira por la villa, — que otra mejor le quedaba,
sino por una morica — que dentro en la villa estaba,
blanca, rubia a maravilla, — sobre todas agraciada:
deziseis años tenía, — en los dezisiete entraba;
crióla el rey de pequeña, — más que a sus ojos la amaba,
y en verla en poder ajeno — sin poder ser remediada,
suspiros da sin consuelo — que el alma se le arrancaba.
Con lágrimas de sus ojos, — estas palabras hablaba:
"¡Ay Narcisa de mi vida! — ¡Ay Narcisa de mi alma!
Envíete yo mis cartas — con el alcaide de Alhambra,
con palabras amorosas — salidas de mis entrañas,
con mi corazón herido — de una saeta dorada.
La respuesta que le diste: — que escribir poco importaba.
Daría por tu rescate — Almería la nombrada.
¿Para qué quiero yo bienes — pues mi alma presa estaba?
Y cuando esto no bastare, — yo me saldré de Granada;
yo me iré para Antequera — donde estás presa, alindada,
y serviré de captivo — sólo por mirar tu cara."

THE following poem is a *Serranilla morisca* (Moorish Hill-song), and is not written in the *romance* metre: further, it has the recurrent refrain with which it begins. This *Serranilla* must have been written down before the siege and fall of Granada (in 1492) by some Castilian soldier poet, who thus recounts his amorous adventures during the last days of the siege of Antequera. He is evidently well acquainted with the vulgar Arabic of that day, though the later copyists of the poem have not been very careful in their transcription.

SERRANILLA MORISCA

110

Sí! ganada es Antequera!
¡Oxalá Granada fuera!
Sí! Me levantara un día
Por mirar bien Antequera;
Vy mora con osadía
Pasear por la rivera.
Sola va, sin compañera,
En garnachas de un contray.
Yo le dixe: "*Alá çulay.*"
"*Çalema,*" me respondiera.
 Sí! ganada es Antequera!
Por la fablar más seguro,
Puse me tras d'una almena;
Un perro tiró del muro,
¡Dios que le dé mala estrena!
Dixo mora con grand pena:
"Oh, mal hayas, *alcarrán!*
Heriste a mí, *anizarán*:
Mueras a muerte muy fiera."
 Sí! ganada es Antequera!
Dixe le que me dixese
Las señas de su posada;
Por si la villa se diese,
Su casa fuese guardada.
"En l'alcazaba asentada,
Hallarás, cristiano, a my

En brazos del moro Aly,
Con quien vivir no quisiera.
    Sí! ganada es Antequera!
Si a la mañana vinieres,
Hallarme has en alcandora,
Más christiana que no mora,
Para lo que tú quisieres.
Darte he de mis averes,
Que muy bien te puedo dar,
Lindas armas e alfanjar;
Con que tú querer me quiera."
    Sí! ganada es Antequera!
Dixe le que me dixese
Las señas de su marido,
Porque yo se lo truxese
Preso, muerto, o mal ferido.
Dixo mora con gemido;
"Yo te las daré, *a muley*:
Aunque no eres de mi ley,
Mentir te nunca Dios quiera.
    Sí! ganada es Antequera!
Es un moro barbicano
De cuerpo non muy pequeño;
Y aunque vive non muy sano,
Tien' el gesto falagüeño.
Mi palabra y fe te empeño
Que aljuba lleva vestida,
Do seda y oro texida,
D'aquesta misma manera.
    Sí! ganada es Antequera!
Porque non padezcas yerros,
Lleva más (escucha y cata)
Una lanza con dos fierros,
Qu'al que hiere luego mata;
Caparaçón d'escarlata
Con el caballo alaçán,
Borceguís de cordován,
Y de plata la grupera.
    Sí! ganada es Antequera!

De mañana han de salir,
Todos a la escaramuça,
Juntos con moros de Muça,
Segund he oído dezir.
Tú no dexes d'acudir
A vuelta de los christianos;
Porque quiero que a tus manos
El mi querido no muera."
    Sí! ganada es Antequera!
Ellos en aquesto estando
Al arma toca la villa.
Dixo la mora, gritando:
"Non aguardeys más rencilla,
Echá por aquella orilla.
Amor mío, ¿qué esperays?
De los moros non temays.
Echá por esa ladera."
    Sí! ganada es Antequera!
    ¡Oxalá Granada fuera!

ALCALÁ LA REAL, lying about 25 miles north-west of Granada, had as early as 1340 been besieged and taken by Alfonso XI in person (whence its title), and in the first half of the following century it was still the outpost of the Castilians on this quarter. Over against it in the Moslem territory lay Moclín and Colomera, four miles apart and respectively 10 and 12 east of Alcalá on the road towards Granada. In June 1424 the Moslems raided the Christian lands, and by a stratagem lured out the garrison of Alcalá to make a counter-raid. Don Pedro, the son of Don Diego Fernández, the governor, was their leader, mounted on his good horse Bocanegra (Black-mouth), but as he hurried a piece of his armour fell loose and was lost, which in the skirmish led to his being wounded to his death.

ROMANCE DE MOCLÍN

III

Caballeros de Moclín, — peones de Colomera,
entre sí han hecho un concierto — de Alcalá robar la tierra;
allá van hacer el salto — a los molinos de Huelma.
Quebrantado han los molinos — los molineros se llevan.
Allí habló un moro viejo — que es muy ardid en la guerra:

"¡Para tanto caballero — chica cabalgada es esta!
Soltemos un prisionero — que a Alcalá lleve la nueva,
y démosle tantas heridas — que en llegando luego muera,
y si dellas no muriere — no valga para la guerra:
lanzadas por las espaldas, — cuchillada en la cabeza,
manquémosle de una mano, — cortémosle la derecha."
Ellos en aquesto estando — un prisionero se suelta,
que corría más que un gamo, — saltaba más que una zebra.
Por las calles de Alcalá — a grandes voces dijera:
"¡Caballeros de Alcalá, — no os alabaredes desta!
que los moros de Moclín — corrido os han la ribera,
atalado os han el campo — no dejan vaca ni yegua."
Oídolo ha Pero Hernández — Pero Hernández de Cabrera,
que está con su padre a misa, — salido se ha de la iglesia,
y ármase de todas armas — y cabalga en Bocanegra.
Su padre, que ir le vido, — tras él sale de la iglesia:
"Si no vais allá, mi hijo, — la mi bendición os venga;
y si allá fuérades, hijo, — de vos haya mala nueva;
que moros que a tal hora corren, — la celada dejan cerca.
Que si hoy ha sido la suya, — mañana será la nuestra."
"No voy yo allá, mi padre, — que aquí voy hasta la cuesta,
a tomar mis caballeros — que se van sin mi licencia."
Por las calles de Alcalá — corriendo va a media rienda;
y en saliendo de Alcalá, — corriendo va a rienda suelta.
A la pasada de un río — y al saltar de una acequia,
del arnés que iba vestido — caído se le ha una pieza.
Allí hablara un alcaide, — que alcaide era de Cabrera:
"Vuelta, vuelta, Pero Hernández, — que no es buena señal esta,
yendo vos tan bien armado, — caérseos ahora una pieza."
Allí habló Pero Hernández, — desta manera dijera:
"Adelante, caballeros, — nadie vuelva la cabeza."
Pasan primera celada, — la segunda y la tercera,
y al pasar de la cuarta — cristiano dellos no queda,
si no fuera el su alcaide, — el su alcaide Cabrera,
que escapó a rienda suelta — y el caballo le valiera.
Por las calles de Alcalá — a grandes voces dijera:
"¡Socorred, Don Diego Hernández, — que vuestro hijo allá
queda!"
Desque esto oyó Don Diego — al alcaide arremetiera,
y dióle de puñaladas — que muy bien lo meresciera.

THE most famous of the Moorish ballads is that which goes by the name of Abenámar. The Good Regent Ferdinand, after being elected king of Aragon, died in 1416, and in 1419 John II of Castile was legally of age: but from the death of his uncle Ferdinand and for the next thirty-seven years he was (as has been already said) completely dominated by his minister, the magnificent Álvaro de Luna, Constable of Castile, who ruled the king and the kingdom till the hour of his death (by decapitation), June 1453. In Granada there were three pretenders to the throne in the year 1431: namely, Muhammad VIII, *Al-Aysar*, 'the Left-handed,' with his two cousins Muhammad IX, surnamed *As-Saghir* 'the Less,' and Yúsuf IV. Each in turn found it convenient to seek shelter at the court of John II, who in June of that year, with the Constable in command, raided the Moslem country up to the Sierra de Elvira within sight of Granada, and there gained the battle of La Higueruela (the Great Fig-tree). Here, after the victory, Abenámar in the train of Yúsuf IV, the successful Pretender, paying his court to king John, according to the ballad, points out Granada, and names the most famous of its buildings. This *romance* is one of the few of those that owe something to an Arab original. That king John, as here set forth, would fain woo Granada to be his bride, and so possess himself of the city, is a poetic fancy common in oriental literature. King John however never possessed Granada, that being reserved as the glory of the reign of his daughter, Isabel la Católica. It is king John who questions.

ROMANCE DE ABENÁMAR

112

"¡Abenámar, Abenámar, — moro de la morería,
el día que tú naciste — grandes señales había!
Estaba la mar en calma, — la luna estaba crecida:
moro que en tal signo nace, — no debe decir mentira."
Allí respondiera el moro, — bien oiréis lo que decía:
"Yo te la diré, señor, — aunque me cueste la vida,
porque soy hijo de un moro — y una cristiana cautiva;
siendo yo niño y muchacho — mi madre me lo decía:
que mentira no dijese, — que era grande villanía:
por tanto pregunta, rey, — que la verdad te diría."
"Yo te agradezco, Abenámar, — aquesa tu cortesía.
¿Qué castillos son aquéllos? — ¡Altos son y relucían!"
"El Alhambra era, señor, — y la otra la mezquita;

los otros los Alixares, — labrados a maravilla.
El moro que los labraba — cien doblas ganaba al día,
y el día que no los labra — otras tantas se perdía,
[desque los tuvo labrados, — el rey le quitó la vida,
porque no labre otros tales — al rey del Andalucía.]
El otro es Generalife, — huerta que par no tenía;
el otro Torres Bermejas, — castillo de gran valía."
Allí habló el rey Don Juan, — bien oiréis lo que decía:
"Si tú quisieses, Granada, — contigo me casaría;
daréte en arras y dote — a Córdoba y a Sevilla."
"Casada soy, rey Don Juan, — casada soy, que no viuda;
el moro que a mí me tiene, — muy grande bien me quería."

In May 1434, Diego de Ribera, who was Warden of the Moorish
Border (*Adelantado de Andalucía*), having his headquarters at Antequera,
invested Álora, a town on the Guadalhorce, some 25 miles north-west
of Malaga. The siege was pressed and the Moorish governor asked for
terms. The Adelantado coming to the parley incautiously took off the
headpiece of his armour, when an archer in ambush on the wall mortally
wounded him. The ballad is remarkable as being mentioned, in his
Laberinto, by Juan de Mena, 'the prince of Castilian poets' (1411–1456),
as his contemporaries called him.

ROMANCE DE ALORA

113

Álora, la bien cercada, — tú que estás en par del río,
cercóte el adelantado — una mañana en domingo,
de peones y hombres de armas — el campo bien guarnecido,
con la gran artillería — hecho te había un portillo.
Viérades moros y moras — todos huir al castillo:
las moras llevaban ropa, — los moros harina y trigo,
y las moras de quince años — llevaban el oro fino,
y los moricos pequeños — llevaban la pasa y higo.
Por cima de la muralla — su pendón llevan tendido.
Entre almena y almena — quedado se había un morico
con una ballesta armada, — y en ella puesto un cuadrillo.
En altas voces decía, — que la gente lo había oído:
"¡Treguas, treguas, adelantado, — por tuyo se da el castillo!"

Alza la visera arriba, — por ver el que tal le dijo:
asestárale a la frente, — salido le ha al colodrillo.
Sacólo Pablo de rienda, — y de mano Jacobillo,
estos dos que había criado — en su casa desde chicos.
Lleváronle a los maestros — por ver si será guarido;
a las primeras palabras — el testamento les dijo.

In March 1452, Alabez, governor of Almería, in conjunction with
Abidbar, who commanded at Vera, a fortress near the coast some 50
miles north-east of Almería, planned a great raid into the Christian
country lying to the eastward round Cartagena. They were joined by a
contingent from Granada under the command of Almoradí of Guadix
and Abenacizes of Baza (some 50 miles south-east of Baeza). The
raiders took much booty, but turning northward they were confronted
by the Christians under the command of the Adelantado Faxardo, the
Warden of Lorca, and Alonso Lisón, the Governor of Aledo, a border
fortress lying half-way between Lorca and the city of Murcia. Then the
Moslems were brought to account, and they were routed with great
slaughter in the battle which took place at Los Alporchones, not far from
Lorca, and the raiders who survived fled back over the Moslem frontier.

LA BATALLA DE LOS ALPORCHONES

114

Allá en Granada la rica — instrumentos of tocar
en la calle de los Gomeles, — a la puerta de Abidbar,
el cual es moro valiente — y muy fuerte capitán.
Manda juntar muchos moros — bien diestros en pelear,
porque en el campo de Lorca — se determina de entrar;
con él salen tres alcaides, — aquí los quiero nombrar:
Almoradí de Guadix, — este es de sangre real;
Abenacizes el otro, — y de Baza natural;
y de Vera es Alabez, — de esfuerzo muy singular,
y en cualquier guerra su gente — bien la sabe acaudillar.
Todos se juntan en Vera — para ver lo que harán;
el campo de Cartagena — acuerdan de saquear.
A Alabez, por ser valiente, — lo hacen su general;
otros doce alcaides moros — con ellos juntado se han,
que aquí no digo sus nombres — por quitar prolijidad.

Ya se repartían los moros, — ya comienzan de marchar,
por la fuente de Pulpé, — por ser secreto lugar,
y por el puerto los Peines, — por orillas de la mar.
En campos de Cartagena — con furor fueron a entrar;
cautivan muchos cristianos, — que era cosa de espantar.
Todo lo corren los moros — sin nada se les quedar;
el rincón de San Ginés — y con ellos al Pinatar.
Cuando tuvieron gran presa — hacia Vera vuelto se han,
y en llegando al Puntaron, — consejo tomado han
si pasarían por Lorca, — o si irían por la mar.
Alabez, como es valiente, — por Lorca quería pasar,
por tenerla muy en poco — y por hacerle pesar;
y así con toda su gente — comenzaron de marchar.
Lorca y Murcia lo supieron; — luego los van a buscar,
y el comendador de Aledo, — que Lisón suelen llamar,
junto de los Alporchones — allí los van a alcanzar.
Los moros iban pujantes, — no dejaban de marchar;
cautivaron un cristiano — caballero principal,
al cual llaman Quiñonero, — que es de Lorca natural.
Alabez, que vió la gente, — comienza de preguntar:
"Quiñonero, Quiñonero, — dígasme tú la verdad,
pues eres buen caballero, — no me la quieras negar:
¿qué pendones son aquellos — que están en el olivar?"
Quiñonero le responde, — tal respuesta le fué a dar:
"Lorca y Murcia son, señor, — Lorca y Murcia, que no más,
y el comendador de Aledo, — de valor muy singular,
que de la francesa sangre — es su prosapia real.
Los caballos traían gordos, — ganosos de pelear."
Allí respondió Alabez, — lleno de rabia y pesar:
"Pues por gordos que los traigan, — la Rambla no han de pasar,
y si ellos la Rambla pasan, — ¡Alá, y qué mala señal!"
Estando en estas razones — allegara el mariscal
y el buen alcaide de Lorca, — con esfuerzo muy sin par.
Aqueste alcaide es Faxardo, — valeroso en pelear;
la gente traen valerosa, — no quieren más aguardar.
A los primeros encuentros — la Rambla pasado han,
y aunque los moros son muchos, — allí lo pasan muy mal.
Mas el valiente Alabez — hace gran plaza y lugar.
Tantos de cristianos matan, — que es dolor de lo mirar.

Los cristianos son valientes, — nada les pueden ganar;
tantos matan de los moros, — que era cosa de espantar.
Por la sierra de Aguaderas — huyendo sale Abidbar
con trescientos de a caballo, — que no pudo más sacar.
Faxardo prendió a Alabez — con esfuerzo singular.
Quitáronle la cabalgada, — que en riqueza no hay su par.
Abidbar llegó a Granada, — y el rey lo mandó matar.

WHETHER the incident which forms the subject of the following ballad
be true as a matter of history cannot now be exactly certified. All that
is known is that the Adelantado Faxardo was at times on terms of friend-
ship with the Moslem king who was in possession of the throne of
Granada, where at this period many pretenders succeeded one another
at short intervals.

ROMANCE DE FAXARDO

115

Jugando estaba el rey moro — y aun al ajedrez un día,
con aquese buen Fajardo — con amor que le tenía.
Fajardo jugaba a Lorca, — y el rey moro Almería;
jaque le dió con el roque, — el alférez le prendía.
A grandes voces dice el moro: — "La villa de Lorca es mía."
Allí hablara Fajardo, — bien oiréis lo que decía:
"Calles, calles, señor rey, — no tomes la tal porfía,
que aunque me la ganases, — ella no se te daría:
caballeros tengo dentro — que te la defenderían."
Allí hablara el rey moro, — bien oiréis lo que decía:
"No juguemos más, Fajardo, — ni tengamos más porfía,
que sois tan buen caballero, — que todo el mundo os temía."

DON GONZALO DE ZÚÑIGA, the fighting bishop of Jaén, who as one
romance states '*suele decir misa armado*,' is the hero of the following
ballad, which narrates the defeat of the Christians outside that city.
The date of the event is not certain, but it was probably in 1456 or
shortly before, for in that year the poor bishop died in captivity at
Granada, the Moors having declined to allow so redoubtable a foe to be
ransomed.

El obispo Don Gonzalo

116

Día era de San Antón, — ese santo señalado,
cuando salen de Jaén — cuatrocientos hijosdalgo;
y de Úbeda y Baeza — se salían otros tantos,
mozos deseosos de honra, — y los más enamorados.
En brazos de sus amigas — van todos juramentados
de no volver a Jaén — sin dar moro en aguinaldo.
La seña que ellos llevaban — es pendón rabo de gallo;
por capitán se lo llevan — al obispo Don Gonzalo,
armado de todas armas, — en un caballo alazano:
todos se visten de verde, — el obispo azul y blanco.
Al castillo de la Guardia — el obispo había llegado
sáleselo a recibir — Mexía, el noble hidalgo:
"Por Dios te ruego, el obispo, — que no pasedes el vado,
porque los moros son muchos, — a la Guardia habían llegado;
muerto me han tres caballeros, — de que mucho me ha pesado:
el uno era tío mío, — el otro mi primo hermano,
y el otro es un pajecico — de los míos más preciado.
Demos la vuelta, señores, — demos la vuelta a enterrallos,
haremos a Dios servicio, — honraremos los cristianos."
Ellos estando en aquesto, — llegó Don Diego de Haro:
"Adelante, caballeros, — que me llevan el ganado;
si de algún villano fuera, — ya lo hubiérades quitado;
empero alguno está aquí — que le place de mi daño;
no cumple decir quién es, — que es el del roquete blanco."
El obispo, que lo oyera, — dió de espuelas al caballo;
el caballo era ligero, — saltado había un vallado;
mas al salir de una cuesta, — a la asomada de un llano,
vido mucha adarga blanca, — mucho albornoz colorado,
y muchos hierros de lanzas, — que relucían en el campo;
metídose había por ellos — como león denodado:
de tres batallas de moros — la una ha desbaratado,
mediante la buena ayuda — que en los suyos ha hallado:
aunque algunos de ellos mueren, — eterna fama han ganado.
Los moros son infinitos, — al obispo habían cercado;
cansado de pelear — lo derriban del caballo,
y los moros victoriosos — a su rey lo han presentado.

A YEAR after the execution of the Constable Álvaro de Luna, John II died, and was succeeded by his son Henry IV (1454–1474), a most incompetent king, whose reign was a continued period of anarchy. Then in 1474 his sister Isabella came to the throne, and a firm government was established. She had married her first cousin Ferdinand of Aragon in 1469, whereby Castile and Leon, permanently joined by Ferdinand III in 1230, now joined Aragon, and all Spain that was Christian became a united kingdom under the *Reyes Católicos*, Ferdinand and Isabella. In Granada, after the death of Muhammad the Left-handed, three times expelled and restored, four kings had turn and turn about occupied the throne. Then in 1461 Abú-l-Hasan (afterwards known as 'the Old King') had succeeded, and he agreed (1464) in order to prolong the truce with the Christians to pay a yearly tribute of 120,000 gold ducats to Castile. In 1481, however, Abú-l-Hasan stopped the payment, and then marching out of Granada in December captured and sacked the Christian stronghold of Zahara, which lies in the mountains a few miles north-west of Ronda on the upper waters of the Guadalete. For the counter-stroke of Ferdinand and Isabella he had not long to wait. In February 1482 Ponce de León, Marquis of Cadiz, took Alhama, which lies in the Sierra of that name a dozen miles to the south-west of Granada. The following ballad is well known from the version of it written by Lord Byron.

LA PÉRDIDA DE ALHAMA

117

Paseábase el rey moro — por la ciudad de Granada,
desde la puerta de Elvira — hasta la de Vivarambla.
    ¡Ay de mi Alhama!
Cartas le fueron venidas — que Alhama era ganada:
las cartas echó en el fuego, — y al mensajero matara.
    ¡Ay de mi Alhama!
Descabalga de una mula, — y en un caballo cabalga;
por el Zacatín arriba — subido se había al Alhambra.
    ¡Ay de mi Alhama!
Como en el Alhambra estuvo, — al mismo punto mandaba
que se toquen sus trompetas, — sus añafiles de plata.
    ¡Ay de mi Alhama!
Y que las cajas de guerra — apriesa toquen al arma,
porque lo oigan sus moros, — los de la Vega y Granada.
    ¡Ay de mi Alhama!

Los moros que el son oyeron — que al sangriento Marte llama,
uno a uno y dos a dos — juntado se ha gran batalla.
    ¡Ay de mi Alhama!
Allí habló un moro viejo, — de esta manera hablara:
"¿Para qué nos llamas, rey, — para qué es esta llamada?"
    ¡Ay de mi Alhama!
"Habéis de saber, amigos, — una nueva desdichada:
que cristianos de braveza — ya nos han ganado Alhama!"
    ¡Ay de mi Alhama!
Allí habló un alfaquí — de barba crecida y cana:
"¡Bien se te emplea, buen rey, — buen rey, bien se te empleara!
    ¡Ay de mi Alhama!
Mataste los Bencerrajes, — que eran la flor de Granada;
cogiste los tornadizos — de Córdoba la nombrada.
    ¡Ay de mi Alhama!
Por eso mereces, rey, — una pena muy doblada:
que te pierdas tú y el reino, — y aquí se pierda Granada,"
    ¡Ay de mi Alhama!

THE tate of the governor of Alhama is the subject of the next ballad.

EL ALCAIDE DE ALHAMA

118

"Moro alcaide, moro alcaide, — el de la barba vellida,
el rey os manda prender — porque Alhama era perdida."
"Si el rey me manda prender — porque es Alhama perdida,
el rey lo puede hacer; — mas yo nada le debía,
porque yo era ido a Ronda — a bodas de una mi prima,
yo dejé cobro en Alhama, — el mejor que yo podía.
Si el rey perdió su ciudad, — yo perdí cuanto tenía:
perdí mi mujer y hijos, — la cosa que más quería."

AMONG the many gallant knights who attended the camp of Ferdinand in his war against Granada none is more famous in the ballads than Don Rodrigo Girón, Grand Master of the military Order of Calatrava. He unfortunately met his death before the walls of Loxa, a town on the Xenil some thirty miles below Granada, which the Christians unsuccessfully besieged in July 1482, shortly after they had taken Alhama. The Moor Albayaldos is apparently a personage unknown to history, and the exact dates of the events recorded in the two following ballads need not be particularly enquired into. Of Albayaldos and his deeds of chivalry, Pérez de Hita has much to relate in his *Guerras Civiles de Granada*; for in those days, as a popular ballad asserts, it was agreed to hold:

> *Caballeros granadinos — aunque moros, hijosdalgo.*

EL MAESTRE DE CALATRAVA

119

Por la vega de Granada — un caballero pasea
en un caballo morcillo — ensillado a la gineta:
adarga trae embrazada, — la lanza traía sangrienta
de los moros que había muerto — antes de entrar en la Vega
Los relinchos del caballo — dentro en el Alhambra suenan;
oídolo habían las damas — que están vistiendo a la reina:
salen de presto a mirar — por allí a ver quién pasea;
vieron que en su lado izquierdo — traía una cruz bermeja;
conocieron ser cristiano, — vanlo a decir a la reina.
La reina, cuando lo supo, — vistiérase muy de priesa;
acompañada de damas — asomóse a una azotea.
El Maestre la conoce, — bajado le ha la cabeza;
la reina le hace mesura, — y las damas reverencia.
Con un paje que allí estaba — le envía a decir, ¿qué espera?
El Maestre le responde: — "Amigo, decí a su Alteza
que si caballero moro — hubiere que lo merezca,
que por servir a las damas — me venga a echar de la Vega."
Oídolo ha Barbarín, — que quiere tomar la empresa;
las damas lo están armando, — mirándolo está la reina.
Muy gallardo sale el moro, — caballero en una yegua,
por las calles donde iba — va diciendo: — "¡Muera, muera!"
Cuando fué junto al Maestre, — de esta suerte le dijera:

"Date por mi prisionero, — que a las damas y a la reina
he dejado prometido — de llevarles tu cabeza.
Si quieres ser mi captivo, — les quitaré la promesa."
El Maestre le responde — con voz alta y muy modesta:
"Cumple, a ser buen caballero, — si tú quieres, tal empresa."
Apártanse uno de otro — con diligencia y presteza,
juegan muy bien de las lanzas, — arman muy buena pelea.
El Maestre era más diestro, — al moro muy mal hiriera:
el moro desesperado — las espaldas le volviera.
El Maestre le da voces, diciendo: — "¡Cobarde, espera,
que te afrentarán las damas — si no cumples tu promesa!"
Y viendo que se le iba, — a más correr le siguiera,
enviándole con furia — la lanza por mensajera.
Acertádole había al moro, — el moro en tierra cayera;
apeádose ha el Maestre, — y cortóle la cabeza.
Con un paje se la envía — a la reina, que la espera,
con un recaudo que dice: — "Amigo, decí a la reina,
que pues el moro no cumple — la palabra que le diera,
que yo quedo en su lugar — para servir a su Alteza."

ROMANCE DE ALBAYALDOS

120

¡Ay Dios, qué buen caballero — el Maestre de Calatrava!
¡Oh cuán bien corre los moros — por la vega de Granada
con trescientos caballeros, — todos con cruz colorada,
desde la puerta del Pino — hasta la Sierra Nevada!
Por esa puerta de Elvira — arrojara la su lanza:
las puertas eran de hierro, — de banda a banda las pasa,
que no hay un moro tan fuerte — que a demandárselo salga.
Oídolo ha Albayaldos — en sus tierras donde estaba;
arma fustas y galeras, — por la mar gran gente armaba,
sáleselo a recebir — el rey Chico de Granada.
"Bien vengáis vos, Albayaldos, — buena sea vuestra llegada:
si venís a ganar sueldo, — daros he paga doblada,
y si venís por mujer, — dárosla he muy galana."
"Muchas gracias, el buen rey, — por merced tan señalada,
que no vengo por mujer, — que la mía me bastaba;

mas sí porque me dijeron, — allende el mar donde estaba,
que ese malo del Maestre — tiene cercada a Granada,
y por servirte, buen rey, — traigo yo toda esta armada."
"La verdad," dijo el rey moro, — "la verdad te fué contada,
que no hay moro en esta tierra — que lo espere cara a cara,
sino fuere el buen Escado — que era alcaide del Alhama;
y una vez que le saliera — ¡caro le costó a Granada!
veinte mil hombres llevó, — y ninguno no tornara;
él encima de una yegua — muy herido se escapaba."
"¡Oh mal hubiese Mahoma — allá do dicen que estaba,
cuando un fraile capilludo — arrojó en Granada lanza!
Diésedesme tú, buen rey, — la gente que buena estaba,
los ginetes de Jaén, — los peones de tu casa,
que ese malo del Maestre — yo te lo traeré a Granada."
"Calles, calles, Albayaldos, — no digas la tal palabra,"
dijo un moro, "que el Maestre — es muy fuerte en las batallas,
y si él en campo te toma — haráte temblar la barba."
Respondiérale Albayaldos — una muy fea palabra:
"¡Si no fuera por el rey — diérate una bofetada!"
"Esa bofetada, moro, — fuérate muy bien vengada,
que tres hijos tengo alcaides — en el reino de Granada:
el uno tengo en Guadix — y el otro lo tengo en Baza,
y el otro le tengo en Lorca, — esa villa muy nombrada,
y a mí, porque era muy viejo, — entregáronme al Alhama;
y porque veas, perro moro, — si te fuera bien vengada."
El buen rey los puso en paz, — que ninguno más no habla
sino Albayaldos, que pide — licencia le sea dada,
porque con sola su gente — quiere cumplir su palabra.
El rey se la concedió: — mucha gente le accompaña
Por los campos de Jaén — todo el ganado robaba,
muchas vacas, mucha oveja, — y el pastor que lo guardaba;
mucho cristiano mancebo — y mucha linda cristiana.
A la pasada de un río, — junto a la orilla del agua
soltádosele ha un pastor — de los que presos llevaba.
Por las puertas de Jaén — al Maestre voces daba:
"¿Dónde estás tú, el Maestre? — ¿Qué es de tu noble compaña?
Hoy pierdes toda tu gloria, — y Albayaldos se la gana."
Oídolo ha el Maestre — en sus palacios do estaba.
"Calles, calles tú, el pastor, — no digas la tal palabra,

que si hoy pierdo mi gloria, — mañana será ganada.
¡Al arma, mis caballeros, — todo hombre, sus, al arma!"
Luego que en campo se vido, — a los suyos esforzaba;
a la bajada de un valle — por cima de una asomada
vió cómo iba Albayaldos. . . . .
El Maestre que los viera, — de esta suerte razonaba:
"A ellos, mis caballeros, — que ninguno se nos vaya."
Pone piernas al caballo — y aprieta muy bien su lanza;
al primero que encontró — en tierra muerto le echara.
Andando en esta refriega — con Albayaldos topara:
con la fuerza del Maestre — Albayaldos se desmaya.
Cae muerto del caballo, — y así su vida acabara.
Los suyos cuando esto vieron — cada cual a huir se daba.

THE loss of Alhama was the turning-point. In Granada now was
civil war. Abú-l-Hasan, 'the Old King,' was opposed first by his brother
Muhammad, surnamed Zaghal, 'the Valiant,' and second by his son
Abú Abd-Allah, or Boabdil, 'el Rey Chico.' The loss of Alhama was in
part forgiven or forgotten by reason of the success of the Old King in
the defence of Loxa: and Boabdil, 'the Little King,' jealous of his
father's renown, determined in April 1483 to attack the Count of Cabra
who was in command of the Christian forces near Lucena, a town lying
half-way between Loxa and Cordova, Lucena being distant about sixty
miles from Granada. The following ballad describes the pomp of his
setting forth with his captains. But the utter rout of the Moslems, with
the capture of Boabdil, who remained for long a prisoner in the hands
of the Count of Cabra, was the result of ill-laid plans. The mother of
Boabdil, often mentioned in the ballads, was Ayxa (Áyishah), a daughter
of Muhammad VIII, 'the Left-handed'; her rival in the affections of
the Old King being the Christian woman (Isabel de Solís), whom the
Moors called Zoraya (*Thurayyá*—'the Pleiades'), and who in the Spanish
chronicles is often referred to as La Romía.

LA EXPEDICIÓN CONTRA LUCENA

121

Por esa puerta de Elvira — sale muy gran cabalgada.
¡Cuánto del hidalgo moro! — ¡Cuánta de la yegua baya!
¡Cuánta de la lanza en puño! — ¡Cuánta de la adarga blanca!

¡Cuánta de marlota verde! — ¡Cuánta aljuba de escarlata!
¡Cuánta pluma y gentileza! — ¡Cuánto capellar de grana!
¡Cuánto bayo borceguí! — ¡Cuánto lazo que le esmalta!
¡Cuánta de la espuela de oro! — ¡Cuánta estribera de plata!
Toda es gente valerosa — y experta para batalla:
en medio de todos ellos — va el rey Chico de Granada.
Míranlo las damas moras — de las torres del Alhambra.
La reina mora, su madre, — de esta manera le habla:
"Alá te guarde, mi hijo, — Mahoma vaya en tu guarda,
y te vuelva de [Lucena] — libre, sano y con ventaja,
y te dé paz con tu tío, — señor de Guadix y Baza."

ON payment of a heavy ransom, collected by his mother Ayxa, Boabdil
at length obtained his freedom, and returned to Granada to foment the
civil war. The Old King's health was failing, he was deposed in 1484 and
shortly after died, leaving Boabdil to dispute the throne with his uncle
Muhammad Zaghal. The Christians could afford to wait while matters
went from bad to worse with the Moslems. These lost Loxa in 1486,
Malaga the next year, and in 1489 Baza (some thirty miles north-east of
Guadix), with the great port of Almería on the south coast, both fell to
the Christian arms. Then Zaghal gave in his submission to Ferdinand,
departing to end his days in Morocco. In 1490 the siege of Granada was
begun by the Castilian armies encamping on the left bank of the Xenil,
where Ferdinand and Isabella founded the city of Santa Fe, which still
exists, some three leagues distant from the Elvira gate of Granada. A
little to the southward Alhendín was a castle on a rock within sight of
Granada, of which the Christians had temporarily taken possession,
harassing the Moors by their forays. Boabdil, however, retook it, and
garrisoned the place with his troops, who in their turn now had to suffer
constant counter-attacks by the Christians.

GRANADA SITIADA

122

Al rey Chico de Granada — mensajeros le han entrado;
entran por la puerta Elvira, — y en el Alhambra han parado.
Ese que primero llega — es ese Cegrí nombrado,
con una marlota negra, — señal de luto mostrando.
Las rodillas por el suelo, — de esta manera ha hablado:

"Nuevas te traigo, señor, — de dolor en sumo grado:
por este fresco Genil — un campo viene marchando,
todo de lucida gente; — las armas van relumbrando.
Las banderas traen tendidas, — y un estandarte dorado.
El general de esta gente — se llama el rey Don Fernando:
en el estandarte traen — un Cristo crucificado.
Todos hacen juramento — morir por el Figurado,
y no salir de la vega, — ni atrás volver un paso
hasta ganar a Granada — y tenerla a su mandado.
Y también viene la reina, — mujer del rey Don Fernando,
la cual tiene tanto esfuerzo, — que anima a cualquier soldado.
Yo vengo herido, buen rey, — un brazo traigo pasado,
y un escuadrón de tus moros — ha sido desbaratado;
todo el campo de Alhendín — queda roto y saqueado."
Estas palabras diciendo, — cayó el Cegrí desmayado:
mucho lo sintió el rey moro; — del gran dolor ha llorado.
Quitaron de allí al Cegrí — y a su casa lo llevaron.

When in attendance at the court of the Catholic sovereigns Ferdinand
and Isabella, and some time previous to the fall of Granada, Doña Ana
de Mendoza let fall her glove into the lion-pit, and Manuel de León,
going down, recovered it. Further, it may be recalled that, half a century
after the fall of Granada, the same incident was related as occurring in
the presence of Francis I of France, when De Lorge duly, and likewise,
proved his courage; but declined afterwards to have any further com-
merce with the artful dame who, he considered, had very needlessly
imperilled his life.

Don Manuel de León

123

Ese conde Don Manuel, — que de León es nombrado,
hizo un hecho en la corte — que jamás será olvidado,
con Doña Ana de Mendoza, — dama de valor y estado:
y es, que después de comer, — andándose paseando
por el palacio del rey, — y otras damas a su lado,
y caballeros con ellas — que las iban requebrando,
a unos altos miradores — por descanso se han parado,
y encima la leonera — la Doña Ana ha asomado,

y con ella casi todos, — cuatro leones mirando,
cuyos rostros y figuras — ponían temor y espanto.
Y la dama por probar — cuál era más esforzado,
dejóse caer el guante, — al parecer, descuidado:
dice que se le ha caído, — muy a pesar de su grado.
Con una voz melindrosa — de esta suerte ha proposado:
"¿Cuál será aquel caballero -— de esfuerzo tan señalado,
que saque de entre leones — el mi guante tan preciado'
Que yo le doy mi palabra — que será mi requebrado;
será entre todos querido, — entre todos más amado."
Oído lo ha Don Manuel, — caballero muy honrado,
que de la afrenta de todos — también su parte ha alcanzado.
Sacó la espada de cinta, — revolvió su manto al brazo;
entró dentro la leonera — al parecer demudado.
Los leones se lo miran, — ninguno se ha meneado:
salióse libre y exento — por la puerta do había entrado.
Volvió la escalera arriba, — el guante en la izquierda mano,
y antes que el guante a la dama — un bofetón le hubo dado,
diciendo y mostrando bien — su esfuerzo y valor sobrado:
"Tomad, tomad, y otro día, — por un guante desastrado
no pornéis en riesgo de honra — a tanto buen fijodalgo;
y a quien no le pareciere — bien hecho lo ejecutado,
a ley de buen caballero — salga en campo a demandallo."
La dama le respondiera — sin mostrar rostro turbado:
"No quiero que nadie salga, — basta que tengo probado
que sedes vos, Don Manuel, — entre todos más osado;
y si de ello sois servido — a vos quiero por velado:
marido quiero valiente, — que ose castigar lo malo.
En mí el refrán que se canta — se ha cumplido, ejecutaldo,
que dice: *El que bien te quiere, — ése te habrá castigado.*"
De ver que a virtud y honra — el bofetón ha aplicado,
y con cuánta mansedumbre — respondió, y cuán delicado,
muy contento y satisfecho — Don Manuel se lo ha otorgado:
y allí en presencia de todos, — los dos las manos se han dado.

The following ballad relates another famous incident which occurred during the siege of Granada.

Don Garcilaso de la Vega

124

Cercada está Santa Fe — con mucho lienzo encerado,
al derredor muchas tiendas — de seda, oro y brocado,
donde están duques y condes, — señores de grande estado,
y otros muchos capitanes — que lleva el rey Don Fernando,
todos de valor crecido, — como ya habréis notado
en la guerra que se ha hecho — contra el granadino estado;
cuando a las nueve del día — un moro se ha demostrado
encima un caballo negro — de blancas manchas manchado,
cortados ambos hocicos, — porque lo tiene enseñado
el moro que con sus dientes — despedace a los cristianos.
El moro viene vestido — de blanco, azul y encarnado,
y debajo esta librea — trae un muy fuerte jaco,
y una lanza con dos hierros — de acero muy bien templado,
y una adarga hecha en Fez — de un ante rico estimado.
Aqueste perro, con befa, — en la cola del caballo,
la sagrada Ave-María — llevaba, haciendo escarnio.
Llegando junto a las tiendas, — de esta manera ha hablado:
"¿Cuál será aquel caballero — que sea tan esforzado
que quiera hacer conmigo — batalla en aqueste campo?
Salga uno, salgan dos, — salgan tres o salgan cuatro:
el alcaide de los donceles — salga, que es hombre afamado:
salga ese Conde de Cabra, — en guerra experimentado;
salga Gonzalo Fernández, — que es de Córdoba nombrado,
o si no, Martín Galindo, — que es valeroso soldado;
salga ese Portocarrero, — señor de Palma nombrado,
o el bravo Don Manuel — Ponce de León llamado,
aquel que sacara el guante — que por industria fué echado
donde estaban los leones, — y él le sacó muy osado;
y si no salen aquestos, — salga el mismo rey Fernando,
que yo le daré a entender — si soy de valor sobrado."
Los caballeros del rey — todos le están escuchando:
cada uno pretendía — salir con el moro al campo.

Garcilaso estaba allí, — mozo gallardo, esforzado;
licencia le pide al rey — para salir al pagano.
"Garcilaso, sois muy mozo — para emprender este caso;
otros hay en el real — para poder encargarlo."
Garcilaso se despide — muy confuso y enojado,
por no tener la licencia — que al rey había demandado.
Pero muy secretamente — Garcilaso se había armado,
y en un caballo morcillo — salido se había al campo.
Nadie le ha conocido, — porque sale disfrazado;
fuése donde estaba el moro, — y de esta suerte le ha hablado:
"¡Ahora verás, el moro, — si tiene el rey Don Fernando
caballeros valerosos — que salgan contigo al campo!
Yo soy el menor de todos, — y vengo por su mandado."
El moro cuando le vió — en poco le había estimado,
y díjole de esta suerte: — "Yo no estoy acostumbrado
a hacer batalla campal — sino con hombres barbados:
vuélvete, rapaz," le dice, — "y venga el más estimado."
Garcilaso con enojo — puso piernas al caballo;
arremetió para el moro, — y un gran encuentro le ha dado.
El moro que aquesto vió, — revuelve así como un rayo:
comienzan la escaramuza — con un furor muy sobrado.
Garcilaso, aunque era mozo, — mostraba valor sobrado;
dióle al moro una lanzada — por debajo del sobaco:
el moro cayera muerto, — tendido le había en el campo
Garcilaso con presteza — del caballo se ha apeado:
cortárale la cabeza — y en el arzón la ha colgado:
quitó el Ave-María — de la cola del caballo:
hincado de ambas rodillas, — con devoción la ha besado,
y en la punta de su lanza — por bandera la ha colgado.
Subió en su caballo luego, — y él del moro había tomado.
Cargado de estos despojos, — al real se había tornado,
do estaban todos los grandes, — también el rey Don Fernando.
Todos tienen a grandeza — aquel hecho señalado;
también el rey y la reina — mucho se han maravillado
en ser Garcilaso mozo — y haber hecho un tan gran caso;
Garcilaso de la Vega — desde allí se ha intitulado,
porque en la Vega hiciera — campo con aquel pagano.

Don Alonso de Aguilar (elder brother of Gonzalvo de Córdova, surnamed the Great Captain) in May 1501 was killed in a skirmish on the banks of the Rio Verde, a stream which flows down a gorge of the Sierra Bermeja and out to the sea half-way between Malaga and Gibraltar. The two ballads which follow, describing this defeat of the Christian arms, refer the incident in error to a time about a decade before it actually took place, namely to the events of the winter of the fall of Granada in January, 1492. Also the scene is, in the ballad, wrongly laid in some valley of the Sierra Nevada, which lies immediately to the south of Granada, and far north of the Sierra Bermeja.

Don Alonso de Aguilar

125

Estando el rey Don Fernando — en conquista de Granada,
donde están duques y condes — y otros señores de salva,
con valientes capitanes — de la nobleza de España,
desque la hubo ganado, — a sus capitanes llama.
Cuando los tuviera juntos, — de esta manera les habla:
"¿Cuál de vosotros, amigos, — irá a la sierra mañana
a poner el mi pendón — encima del Alpujarra?"
Mirábanse unos a otros, — y ninguno el sí le daba,
que la ida es peligrosa — y dudosa la tornada,
y con el temor que tienen, — a todos tiembla la barba,
si no fuera a Don Alonso — que de Aguilar se llamaba.
Levantóse en pie ante el rey; — de esta manera le habla:
"Aquesta empresa, señor, — para mí estaba guardada,
que mi señora la reina — ya me la tiene mandada."
Alegróse mucho el rey — por la oferta que le daba.
Aun no era amanecido — Don Alonso ya cabalga
con quinientos de a caballo, — y mil infantes llevaba.
Comienza a subir la sierra — que llamaban la Nevada.
Los moros que lo supieron — ordenaron gran batalla,
y entre ramblas y mil cuestas — se pusieron en parada.
La batalla se comienza — muy cruel y ensangrentada;
porque los moros son muchos, — tienen la cuesta ganada:
aquí la caballería — no podía hacer nada,
y ansí con grandes peñascos — fué en un punto destrozada.
Los que escaparon de aquí — vuelven huyendo a Granada.

Don Alonso y sus infantes — subieron a una llanada;
aunque quedan muchos muertos — en una rambla y cañada,
tantos cargan de los moros, — que a los cristianos mataban.
Solo queda Don Alonso, — su compaña es acabada:
pelea como un león, — mas su esfuerzo vale nada,
porque los moros son muchos — y ningún vagar le daban.
En mil partes ya herido, — no puede mover la espada;
de la sangre que ha perdido — Don Alonso se desmaya.
Al fin cayó muerto en tierra, — a Dios rindiendo su alma:
no se tiene por buen moro — el que no le da lanzada.
Lleváronle a un lugar — que es Ojícar la nombrada;
allí le vienen a ver — como a cosa señalada.
Míranle moros y moras, — de su muerte se holgaban.
Llorábale una cautiva, — una cautiva cristiana,
que de chiquito en la cuna — a sus pechos le criara.
A las palabras que dice, — cualquiera mora lloraba:
"Don Alonso, Don Alonso, — Dios perdone la tu alma,
que te mataron los moros, — los moros de la Alpujarra."

ROMANCE DEL RÍO VERDE

126

¡Río-Verde, Río-Verde! — ¡cuánto cuerpo en ti se baña
de cristianos y de moros — muertos por la dura espada!
Y tus ondas cristalinas — de roja sangre se esmaltan;
entre moros y cristianos — se trabó muy gran batalla.
Murieron duques y condes, — grandes señores de salva,
murió gente de valía — de la nobleza de España.
En ti murió Don Alonso, — que de Aguilar se llamaba;
el valeroso Urdiales — con Don Alonso acababa.
Por una ladera arriba — el buen Sayavedra marcha:
natural es de Sevilla, — de la gente más granada;
tras dél iba un renegado, — de esta manera le habla:
"Date, date Sayavedra, — no huigas de la batalla;
yo te conozco muy bien; — gran tiempo estuve en tu casa,
y en la plaza de Sevilla — bien te vide jugar cañas;
conozco tu padre y madre — y a tu mujer Doña Clara.

Siete años fuí tu cautivo; — malamente me tratabas,
y ahora lo serás mío, — si Mahoma me ayudara,
y tan bien te trataré — como tú a mí me tratabas."
Sayavedra, que lo oyera, — al moro volvió la cara.
Tiróle el moro una flecha, — pero nunca le acertara;
mas hirióle Sayavedra — de una herida muy mala.
Muerto cayó el renegado, — sin poder hablar palabra.
Sayavedra fué cercado — de mucha mora canalla,
y al cabo quedó allí muerto — de una muy mala lanzada.
Don Alonso en este tiempo — bravamente peleaba;
el caballo le habían muerto, — y lo tiene por muralla;
mas cargan tantos de moros, — que mal lo hieren y tratan;
de la sangre que perdía, — Don Alonso se desmaya:
al fin, al fin, cayó muerto — al pie de una peña alta.
También el Conde de Ureña, — mal herido, se escapaba,
guiábalo un adalid, — que sabe bien las entradas.
Muchos salen tras el conde, — que le siguen las pisadas:
muerto quedó Don Alonso, — eterna fama ganara.

On the second of January 1492 Granada, where the capitulation of the
Moslems had been signed at the end of the previous November, was
occupied by the Christian army. Boabdil, who was granted Purchena
as a residence (a town with dependencies lying some forty miles west of
Guadix on the road to Murcia), had left with his family on the previous
day, to take his journey through the defiles of the Alpuxarras. The first
halt was at Padul, a few miles south of Granada, and from the summit of
the pass, which the road thither crosses, Boabdil had his last sight of the
Alhambra. He shed tears, sighing out the Moslem ejaculation *Allah
Akbar!*—'But God is greatest!': and the height is still called El Último
Suspiro del Moro, and in Arabic *Fajj Allah Akbar*, 'Allah Akbar Pass.'
Ayxa the mother of Boabdil noticed her son weeping and is reported
to have said words which Marmol the historian, who understood the
Arabic of the Moors, gave in Castilian: '*Bien hacéis, hijo, en llorar como
mujer, lo que no fuiste para defender como hombre*'; which Washington
Irving translates: 'You do well,' said she, 'to weep like a woman, for
what you failed to defend like a man.' Further it is reported that the
Emperor Charles V, on visiting the Alhambra and remembering Boabdil,
exclaimed, '*Desgraciado de el que tal perdió.*'

ROMANCE DEL REY CHICO

127

El año de cuatrocientos — que noventa y dos corría
el rey Chico de Granada — perdió el reino que tenía.
Salióse de la ciudad — un lunes a medio día,
cercado de caballeros — la flor de la Morería.
Su madre lleva consigo — que le tiene compañía.
Por ese Genil abajo — el rey Chico se salía,
pasó por medio del agua — lo que hacer no solía,
los estribos se han mojado — que eran de grande valía.
Por mostrar más su dolor — que en el corazón tenía,
ya que esa áspera Alpujarra — era su jornada y vía,
desde una cuesta muy alta — Granada se parecía.
Volvió a mirar a Granada, — desta manera decía:
"Oh Granada la famosa — mi consuelo y alegría,
oh mi alto Albayzín — y mi rica Alcaycería,
oh mi Alhambra y Alijares — y mezquita de valía,
mis baños, huertas y ríos — donde holgar me solía;
¿quién os ha de mí apartado — que jamás yo vos vería?
Ahora te estoy mirando — desde lejos, ciudad mía;
mas presto no te veré — pues ya de ti me partía.
¡Oh rueda de la fortuna, — loco es quien en ti fía:
que ayer era rey famoso — y hoy no tengo cosa mía."
Siempre el triste corazón — l oraba su cobardía,
y estas palabras diciendo — de desmayo se caía.
Iba su madre delante — con otra caballería;
viendo la gente parada — la reyna se detenía,
y la causa preguntaba — porque ella no lo sabía.
Respondióle un moro viejo — con honesta cortesía:
"Tu hijo mira a Granada — y la pena le afligía."
Respondido había la madre, — desta manera dezía:
"Bien es que como mujer — llore con grande agonía
el que como caballero — su estado no defendía."

MOORISH BALLADS

128

Tres moricas me enamoran
En Jaén,
Axa y Fátima y Marién.
 Díjeles: "¿ quién sois, señoras,
De mi vida robadoras?"
"Cristianas que éramos moras
De Jaén,
Axa y Fátima y Marién."
 Con su grande hermosura,
Crianza, seso y cordura
Cautivaron mi ventura
Y mi bien
Axa y Fátima y Marién.
 Tres moritas muy lozanas,
De muy lindo continente,
Van por agua a la fuente,
Más lindas que toledanas,
Y en sus hablas cortesanas
Parecién,
Axa y Fátima y Marién.
 Díjeles: "decid, hermosas,
Por merced sepa sus nombres,
Pues sois dinas a los hombres
De dalles penas penosas."
Con respuestas muy graciosas
Me dicién:
"Axa y Fátima y Marién."
 "Yo vos juro al Alcorán,
En quien, señoras, creé's,
Que la una y todas tres
Me habéis puesto en grande afán;
Do mis ojos penarán

Pues tal verén
Axa y Fátima y Marién."
　"Caballero, bien repuna
Vuestra condición y fama;
Mas quien tres amigas ama
No es amado de ninguna:
Una a uno y uno a una
Se quieren bien
Axa y Fátima y Marién."

LAS TRES CAUTIVAS

129

A la verde, verde, — a la verde oliva,
donde cautivaron — a mis tres cautivas.
El pícaro moro — que las cautivó,
a la reina mora — se las entregó.
"¿Qué nombre tienen — estas tres cautivas?"
"La mayor Constanza, — la menor Lucía,
a la más pequeña, — *yaman* Rosalía."
"¿Qué oficios daremos — a estas tres cautivas?"
"Constanza amasaba, — Lucía cernía,
y la más pequeña — agua les traía."
Diendo un día por agua — a la Fuente Fría,
se encontró un anciano — que d' ella bebía.
"¿Qué hace usté ahí, buen viejo — en la Fuente Fría?"
"Estoy aguardando — a mis tres cautivas."
"Pues usté es mi padre — y yo soy su hija;
voy a darle parte — a mis hermanitas."...
"Ya sabes, Constanza, — ya sabrás, Lucía,
como he visto a padre — en la Fuente Fría."
Constanza *yoraba*, — Lucía mía,
y la más pequeña — así les decía:
"No *yores*, Constanza, — no gimas, Lucía;
que en viniendo el moro — larga nos daría."
La pícara mora — que las escuchó,
abrió una mazmorra — y *ayí* las metió.
Cuando vino el moro — de *ayí* las sacó,
y a su pobre padre — se las entregó.

ROMANCE DEL CAUTIVO

130

Mi padre era de Ronda, — y mi madre de Antequera;
cativáronme los moros — entre la paz y la guerra,
y lleváronme a vender — a Jerez de la Frontera.
Siete días con sus noches — anduve en almoneda:
no hubo moro ni mora — que por mí diese moneda,
si no fuera un moro perro — que por mí cien doblas diera,
y llevárame a su casa, — y echárame una cadena;
dábame la vida mala, — dábame la vida negra:
de día majar esparto, — de noche moler cibera,
y echóme un freno a la boca, — porque no comiese de-ella,
mi cabello retorcido, — y tornóme a la cadena.
Pero plugo a Dios del cielo — que tenía el ama buena:
cuando el moro se iba a caza — quitábame la cadena,
y echárame en su regazo, — y espulgóme la cabeza;
por un placer que le hice — otro muy mayor me hiciera:
diérame los cien doblones, — y enviárame a mi tierra;
y así plugo a Dios del cielo — que en salvo me pusiera.

ROMANCE DE LA MORA MORAIMA

131

Yo me era mora Moraima, — morilla de un bel catar:
cristiano vino a mi puerta, — cuitada, por me engañar.
Hablóme en algarabía — como aquel que la bien sabe:
"Ábrasme las puertas, mora, — si Alá te guarde de mal."
"¿Cómo te abriré, mezquina, — que no sé quién te serás?"
"Yo soy el moro Mazote, — hermano de la tu madre,
que un cristiano dejo muerto; — tras mí venía el alcalde
Si no me abres tú, mi vida, — aquí me verás matar."
Cuando esto oí, cuitada, — comencéme a levantar;
vistiérame una almejía — no hallando mi brial,
fuérame para la puerta — y abríla de par en par.

LAS DOS HERMANAS

132

"Moro, si vas a la España, — traerás una cautiva,
no sea blanca ni fea, — ni gente de villanía."...
Ve venir el conde Flores — que viene de la capilla,
viene de pedir a Dios — que le dé un hijo o una hija.
"Conde Flores, Conde Flores, — tu mujer será cautiva."
"No será cautiva, no, — antes perderé la vida."
Cuando partió el Conde Flores — su mujer quedó cautiva....
"Aqui traigo, reina mora, — una cristiana muy linda,
que no es blanca ni fea, — ni gente de villanía,
no es mujer de ningún rey, — lo es del Conde de Castilla."...
"De las esclavas que tengo — tú serás la más querida,
aquí te entrego mis llaves — para hacer la mi cocina."
"Yo las tomaré, señora, — pues tan gran dicha es la mía."
La reina estaba preñada, — la cautiva estaba en cinta;
quiso Dios y la fortuna, — las dos parieron un día.
La reina parió en el trono, — la esclava en tierra paría,
una hija parió la reina, — la esclava un hijo paría;
las comadronas son falsas, — truecan el niño y la niña,
a la reina dan el hijo, — la esclava toma la hija.
Cuando un día la apañaba — estas palabras decía:
"No llores, hija, no llores, — hija mía y no parida,
que si fuese a las mis tierras — muy bien te bautizaría,
y te pondría por nombre — María Flor de la vida,
que yo tenía una hermana — que este nombre se decía,
que yo tenía una hermana, — de moros era cautiva,
que fueron a cautivarla — una mañanita fría
cogiendo rosas y flores — en un jardín que tenía."
La reina ya lo escuchó — del cuarto donde dormía.
Ya la enviaba a buscar — por un negro que tenía:
"¿Qué dices, la linda esclava? — ¿qué dices, linda cautiva?"
"Palabras que hablo, señora, — yo también te las diría:
No llores, hija, no llores, — hija mía y no parida,
que si fuese a las mis tierras — muy bien te bautizaría,
y te pondría por nombre — María Flor de la vida,
que yo tenía una hermana — que este nombre se decía,

que yo tenía una hermana, — de moros era cautiva,
que fueron a cautivarla — una mañanita fría
cogiendo rosas y flores — en un jardín que tenía."
"Si aquesto fuese verdad — hermana mía serías."
"Aquesto es verdad, señora, — como el día en que nacía."
Ya se abrazaban las dos — con grande llanto que había.
El rey moro lo escuchó — del cuarto donde escribía,
ya las envía a buscar — por un negro que tenía:
"¿Qué lloras, regalo mío? — ¿qué lloras, la prenda mía?
Tratábamos de casaros — con lo mejor de Turquía."
Ya le respondió la reina, — estas palabras decía:
"No quiero mezclar mi sangre — con la de perros maldita."
Un día mientras paseaban — con su hijo y con su hija,
hecho convenio las dos, — a su tierra se volvían.

ROMANCE DE DON BÓYSO

133

Camina Don Bóyso — mañanita fría
a tierra de Campos — a buscar la niña.
Hallóla lavando — en la fuente fría.
"¿Qué haces ahí, mora, — hija de judía?
Deja a mi caballo — beber agua fría."
"Reviente el caballo — y quien lo traía;
que yo no soy mora, — ni hija de judía.
Soy una cristiana, — que aquí estoy cativa,
lavando los paños — de la morería."
"Si fueras cristiana, — yo te llevaría,
y en paños de seda — yo te envolvería;
pero si eres mora — yo te dejaría."
Montóla a caballo, — por ver que decía;
en las siete leguas — no hablara la niña.
Al pasar un campo — de verdes olivas,
por aquellos prados — ¡que llantos hacía!
"¡Ay prados! ¡Ay prados! — ¡prados de mi vida!
¡Cuando el Rey mi padre — plantó aquí esta oliva,
él se la plantara, — yo se la tenía;

la Reina mi madre — la seda torcía;
mi hermano Don Bóyso — los toros corría!"
"¿Y cómo te llamas?" — "Yo soy Rosalinda;
que así me pusieron, — porque al ser nacida,
una linda rosa — n'el pecho tenía."
"Pues tú, por las señas, — mi hermana serías
¡Abra, la mi madre, — puertas de alegría;
por traerle nuera, — tráigole su hija!"
"Para ser tu hermana, — ¡qué descolorida!"
"Madre, la mi madre, — mi madre querida;
que hace siete años — que yo no comía,
sino amargas yerbas — de una fuente fría,
do culebras cantan, — caballos bebían..."
Metióla en un cuarto — sentóla en la silla.
"¡Mi jubón de grana — mi saya querida,
que te dejé nueva — y te hallo rompida!"
"Calla, hija, calla, — hija de mi vida;
que quien te echó esa — otra te echaría."
"¡Mi jubón de grana, — mi saya querida,
que te dejé nueva — y te hallo rompida!"
"Calla, hija, calla, — hija de mi vida;
que aquí tienes madre, — que otra te echaría."
Caminó Don Bóyso — que partir quería,
a tierra de moros — a buscar la niña.

ROMANCE DE ESPINELO

134

Muy malo estaba Espinelo, — en una cama yacía,
los bancos eran de oro, — las tablas de plata fina,
los colchones en que duerme — eran de holanda muy rica,
las sábanas que le cubren — en el agua no se vían,
la colcha que encima tiene — sembrada de perlería;
a su cabecera asiste — Mataleona su amiga:
con las plumas de un pavón — la su cara le resfría.
Estando en este solaz — tal demanda le hacía:
"Espinelo, Espinelo, — ¡cómo naciste en buen día!

El día que tú naciste — la luna estaba crecida,
que ni punto le faltaba, — ni punto le fallecía.
Contásesme tú, Espinelo, — contásesme la tu vida."
"Yo te la diré, señora, — con amor y cortesía:
mi padre era de Francia, — mi madre de Lombardía;
mi padre con su poder — a toda Francia regía.
Mi madre como señora — una ley introducía:
que muger que dos pariese — de un parto, y en un día,
que la den por alevosa, — y la quemen por justicia,
o la echen en la mar — porque adulterado había.
Quiso Dios y mi ventura, — que ella dos hijos paría
de un parto, y en una hora, — que por deshonra tenía.
Fuérase a tomar consejo — con tan loca fantasía
a una captiva mora, — sabia en nigromancía.
'¿Qué me aconsejas tú, mora, — por salvar la honra mía?'
Respondiérale: 'Señora, — yo de parecer sería,
que tomases a tu hijo, — el que se te antoja la,
y lo eches en la mar — en una arca de valía,
bien embetunada toda, — con mucho oro y joyería,
porque quien al niño hallase — de criarlo holgaría.'
Cayera la suerte en mí, — y en la gran mar me ponía,
la cual estando muy brava — arrebatado me había,
y púsome en tierra firme — con el furor que traía,
a la sombra de una mata — que por nombre Espino había,
que por eso me pusieron — de Espinelo nombradía.
Marineros navegando — halláronme en aquel día:
lleváronme a presentar — al gran soldán de Suría.
El soldán no tenía hijos — por su hijo me tenía;
el soldán agora es muerto. — Yo por el soldán regía."

ROMANCE DE DON GARCÍA

135

Atal anda Don García — por una sala adelante,
saetas de oro en la mano, — en la otra un arco trae,
maldiciendo a la fortuna — grandes querellas le da:
"Crióme el rey de pequeño, — hízome Dios barragán;

dióme armas y caballo, — por do todo hombre más vale,
diérame a Doña María — por mujer y por igual,
diérame a cien doncellas — para ella acompañar,
dióme el castillo de Urueña — para con ella casar;
diérame cien caballeros — para el castillo guardar,
basteciómele de vino, — basteciómele de pan,
bastecióle de agua dulce — que en el castillo no la hay.
Cercáronmelo los moros — la mañana de Sant Juan:
siete años son pasados — el cerco no quieren quitar,
veo morir a los míos, — no teniendo que les dar,
póngolos por las almenas, — armados como se están,
porque pensasen los moros — que podrían pelear.
En el castillo de Urueña — no hay sino solo un pan,
si le doy a los mis hijos, — la mi mujer ¿qué hará?
si lo como yo, mezquino, — los míos se quejarán.''
Hizo el pan cuatro pedazos — y arrojólos al real:
el uno pedazo de aquellos — a los pies del rey fué a dar.
"Alá, pese a mis moros, — Alá le quiera pesar,
de las sobras del castillo — nos bastecen el real.''
Manda tocar los clarines — y su cerco luego alzar.

La esposa de Don García

136

En poder de moros va, — en poder de moros iba,
en poder de moros va — la esposa de Don García.
....
"Dios la guarde, la mi madre, — Dios la guarde, madre mía.
¿Por aquí pasó mi esposa, — la mi esposa tan querida?''
"Por aquí pasó esta noche — tres horas antes del día;
vihuela de oro en las manos, — y muy bien que la tanguía.''
"Andes, andes, mi caballo; — guárdate Santa María:
llevárasme a los palacios — donde mi suegra vivía;
que lo que mi madre ha dicho, — mi suegra revocaría.''
....
"Dios la guarde, la mi suegra; — Dios guarde la suegra mía
¿Por aquí pasó mi esposa, — la mi esposa tan querida?''
"Por aquí pasó esta noche — tres horas antes del día;

vihuela de oro en las manos — de pesar no la tanguía:
toda vestida de luto — por donde iba oscurecía."
"Andes, andes, mi caballo — guárdete Santa María;
pasárasme aquella sierra, — aquella sierra bravía;
si a aquella sierra llegares, — nunca más aquí volvías."
....
"Dios los guarde a los moros — y a toda la morería,
grandes guerras les armastéis — al Infante Don García,
y le robastéis la esposa — de los palacios de usía."
"Tómela, el caballero; — por cien doblas la darían,
si doncella la trajimos, — doncella la volvería."
Él la agarró por el brazo, — y a caballo la ponía.

LA LINDA INFANTA

137

Estaba la linda infanta — a sombra de una oliva,
peine de oro en las sus manos, — los sus cabellos bien cría.
Alzó sus ojos al cielo — en contra do el sol salía:
vió venir un fuste armado — por Guadalquivir arriba.
Dentro venía Alfonso Ramos, — almirante de Castilla.
"Bien vengáis, Alfonso Ramos, — buena sea tu venida:
¿y qué nuevas me traedes — de mi flota bien guarnida?"
"Nuevas te traigo, señora, — si me seguras la vida."
"Diéseslas Alfonso Ramos, — que segura te sería."
"Allá llevan a Castilla — los moros de la Berbería."
"Si no me fuese por qué, — la cabeza te cortaría."
"Si la mía me cortases, — la tuya te costaría."

Romance del Tornadizo

138

Ya se salía el rey moro — de Granada para Almería,
con trescientos moros perros — que lleva en su compañía.
Jugando van de la lanza — hendo van barraganía;
cada cual iba hablando — de las gracias de su amiga.
Allí habló un tornadizo, — que criado es en Sevilla:
"Pues que habéis dicho, señores, — decir quiero de la mía:
blanca es y colorada — como el sol cuando salía."
Allí hablara el rey moro, — bien oiréis lo que decía:
"Tal amiga como aquesa — para mí pertenescía."
"Yo te la daré, buen rey, — si me otorgares la vida."
"Diésesmela tú, el morico, — que otorgada te sería."
Echara mano a su seno, — sacó a la Virgen María;
desque la vido el rey moro, — a la pared se volvía:
"Tomáme luego este perro, — y llevámelo a Almería:
tales prisiones le echá, — de ellas no salga en su vida."

Romance primero de Moriana

139

Moriana en un castillo — juega con el moro Galván;
juegan los dos a las tablas — por mayor placer tomar.
Cada vez que el moro pierde — bien perdía una cibdad;
cuando Moriana pierde — la mano le da a besar.
Del placer que el moro toma — adormescido se cae.
Por aquellos altos montes — caballero vió asomar:
llorando viene y gimiendo, — las uñas corriendo sangre
de amores de Moriana — hija del rey Morián.
Captiváronla los moros — la mañana de Sant Juan,
cogiendo rosas y flores — en la huerta de su padre.
Alzó los ojos Moriana, — conociérale en mirarle:
lágrimas de los sus ojos — en la faz del moro dan.
Con pavor recuerda el moro — y empezara de fablar:
"¿Qué es esto, la mi señora? — ¿Quién vos ha fecho pesar?

Si os enojaron mis moros — luego los faré matar,
o si las vuesas doncellas, — farélas bien castigar;
y si pesar los cristianos, — yo los iré conquistar.
Mis arreos son las armas, — mi descanso el pelear,
mi cama, las duras peñas, — mi dormir, siempre velar."
"Non me enojaron los moros, — ni los mandedes matar,
ni menos las mis doncellas — por mí reciban pesar;
ni tampoco a los cristianos — vos cumple de conquistar,
pero de este sentimiento — quiero vos decir verdad:
que por los montes aquellos — caballero vi asomar,
el cual pienso que es mi esposo, — mi querido, mi amor grande."
Alzó la su mano el moro, — un bofetón le fué a dar:
teniendo los dientes blancos — de sangre vuelto los ha,
y mandó que sus porteros — la lleven a degollar,
allí do viera a su esposo, — en aquel mismo lugar.
Al tiempo de la su muerte — estas voces fué a fablar:
"Yo muero como cristiana, — y también sin confesar
mis amores verdaderos — de mi esposo natural."

ROMANCE SEGUNDO DE MORIANA

140

Rodillada está Moriana, — que la quieren degollar,
de sus ojos envendados — non cesando de llorar;
atada de pies y manos, — que era lástima mirar;
los cabellos de oro puro — que al suelo quieren llegar,
y los pechos descubiertos, — más blancos que non cristal.
De ver el verdugo moro — en ella tanta beldad,
de su amor estando preso — sin poderlo más celar,
hablóle en algarabía — como a aquella que la sabe:
"Perdonédesme, Moriana, — querádesme perdonar,
que mandado soy, señora, — por el rey moro Galván.
¡Ojalá viese mi alma — como vos poder librar!
Para libertar dos vidas — que aquí las veo penar."
Moriana dijo: "Moro, — lo que te quiero rogar,
es que cumplas con tu oficio — sin un punto más tardar."

Estando los dos en esto — el esposo fué a asomar
matando y firiendo moros, — que nadie le osa esperar.
Caballero en su caballo — junto de ella fué a llegar.
El verdugo la desata, — y le ayuda a cabalgar;
los tres van de compañía — sin ningún contrario hallar;
en el castillo de Breña — se fueron a aposentar.

ROMANCE TERCERO DE MORIANA

141

Al pie de una verde haya — estaba el moro Galván;
mira el castillo de Breña — donde Moriana está;
de riendas tiene el caballo, — que non lo quiere soltar;
tiene el almete quitado — por poder mejor mirar;
cuando con voz dolorosa — entre llanto y suspirar,
comenzó el moro quejando — de esta manera a fablar:
"Moriana, Moriana, — principio y fin de mi mal,
cómo es posible, señora, — non te duela mi penar,
viendo que por tus amores — muero sin me remediar?
De aquel buen tiempo pasado — te debrías recordar
cuando dentro en mi castillo — conmigo solías folgar:
cuando contigo jugaba, — mi alma debrías mirar:
cuando ganaba perdiendo, — porque era el perder ganar:
cuando merescí ganando — tus bellas manos besar,
y más cuando en tu regazo — me solía reclinar,
y cuando con ti fablando — durmiendo solía quedar.
Si esto non fué amor, señora, — ¿cómo se podrá llamar?
Y si lo fué, Moriana, — ¿cómo se puede olvidar?"
A lo alto de una torre — Moriana fué a asomar,
y al enamorado moro — aquesto fué a declarar:
"Fuye de aquí, perro moro — el que me quiso matar,
el que me robó doncella, — y dueña me hubo forzar:
las caricias que te fice — fueron por de ti burlar
y atender mi noble esposo — que viniese a libertar."
Salió de Breña el cristiano — y arremete al buen Galván:
pasádole ha con la lanza — y el alma del cuerpo sale.

EL CONDE ALARCOS Y LA INFANTA SOLISA

142

Retraída está la infanta, — bien así como solía,
viviendo muy descontenta — de la vida que tenía,
viendo que ya se pasaba — toda la flor de su vida,
y que el rey no la casaba, — ni tal cuidado tenía.
Entre sí estaba pensando — a quien se descubriría,
acordó llamar al rey — como otras veces solía,
por decirle su secreto — y la intención que tenía.
Vino el rey siendo llamado, — que no tardó su venida:
vídola estar apartada, — sola está sin compañía;
su lindo gesto mostraba — ser más triste que solía.
Conociera luego el rey — el enojo que tenía.
"¿Qué es aquesto, la infanta? — ¿qué es aquesto, hija mía?
Contadme vuestros enojos, — no toméis malenconía,
que sabiendo la verdad — todo se remediaría."
"Menester será, buen rey, — remediar la vida mía,
que a vos quedé encomendada — de la madre que tenía.
Dédesme, buen rey, marido, — que mi edad ya lo pedía:
con vergüenza os lo demando, — no con gana que tenía,
que aquestos cuidados tales — a vos, rey, pertenecían."
Escuchada su demanda, — el buen rey le respondía:
"Esa culpa, la infanta, — vuestra era, que no mía,
que ya fuérades casada — con el príncipe de Hungría.
No quisistes escuchar — la embajada que os venía,
pues acá en las nuestras cortes, — hija, mal recaudo había,
porque en todos los mis reinos — vuestro par igual no había,
sino era el Conde Alarcos, — hijos y mujer tenía."
"Convidaldo vos, el rey, — al Conde Alarcos un día,
y después que hayáis comido — decilde de parte mía,
decilde que se acuerde — de la fe que dél tenía,
la cual él me prometió, — que yo no se la pedía,
de ser siempre mi marido, — yo que su mujer sería.
Yo fuí de ello muy contenta — y que no me arrepentía
Si casó con la condesa, — que mirase lo que hacía,
que por él no me casé — con el príncipe de Hungría:
si casó con la condesa, — dél es culpa, que no mía."

Perdiera el rey en oirlo — el sentido que tenía,
mas después en sí tornado — con enojo respondía:
"¡No son estos los consejos, — que vuestra madre os decía!
¡Muy mal mirastes, infanta, — do estaba la honra mía!
Si verdad es todo eso — vuestra honra ya es perdida:
no podéis vos ser casada — siendo la condesa viva.
Si se hace el casamiento — por razón o por justicia,
en el decir de las gentes — por mala seréis tenida.
Dadme vos, hija, consejo, — que el mío no bastaría,
que ya es muerta vuestra madre — a quien consejo pedía."
"Yo os lo daré, buen rey, — de este poco que tenía:
mate el conde a la condesa, — que nadie no lo sabría,
y eche fama que ella es muerta — de un cierto mal que tenía,
y tratarse ha el casamiento — como cosa no sabida.
De esta manera, buen rey, — mi honra se guardaría."
De allí se salía el rey, — no con placer que tenía;
lleno va de pensamientos — con la nueva que sabía;
vido estar al Conde Alarcos — entre muchos, que decía:
"¿Qué aprovecha, caballeros, — amar y servir amiga,
que son servicios perdidos — donde firmeza no había?
No pueden por mí decir — aquesto que yo decía,
que en el tiempo que yo serví — una que tanto quería,
si muy bien la quise entonces, — agora más la quería;
mas por mí pueden decir — quien bien ama tarde olvida."
Estas palabras diciendo — vido al buen rey que venía,
y hablando con el rey — de entre todos se salía.
Dijo el buen rey al conde — hablando con cortesía:
"Convidaros quiero, conde, — por mañana en aquel día,
que queráis comer conmigo — por tenerme compañía."
"Que se haga de buen grado — lo que su Alteza decía;
beso sus reales manos — por la buena cortesía:
detenerme he aquí mañana, — aunque estaba de partida,
que la condesa me espera — según la carta me envía."
Otro día de mañana — el rey de misa salía;
asentóse luego a comer, — no por gana que tenía,
sino por hablar al conde — lo que hablarle quería.
Allí fueron bien servidos — como a rey pertenecía.
Después que hubieron comido, — toda la gente salida,
quedóse el rey con el conde — en la tabla do comía.

Empezó de hablar el rey — la embajada que traía:
"Unas nuevas traigo, conde, — que de ellas no me placía,
por las cuales yo me quejo — de vuestra descortesía.
Prometistes a la infanta — lo que ella no vos pedía,
de siempre ser su marido, — y a ella que le placía.
Si otras cosas pasastes — no entro en esa porfía.
Otra cosa os digo, conde, — de que más os pesaría:
que matéis a la condesa — que cumple a la honra mía:
echéis fama que ella es muerta — de cierto mal que tenía,
y tratarse ha el casamiento — como cosa no sabida,
porque no sea deshonrada — hija que tanto quería."
Oídas estas razones — el buen conde respondía:
"No puedo negar, el rey, — lo que la infanta decía,
sino que otorgo ser verdad — todo cuanto me pedía.
Por miedo de vos, el rey, — no casé con quien debía,
no pensé que vuestra Alteza — en ello consentiría:
de casar con la infanta — yo, señor, bien casaría;
mas matar a la condesa, — señor rey, no lo haría,
porque no debe morir — la que mal no merecía."
"De morir tiene, el buen conde, — por salvar la honra mía,
pues no mirastes primero — lo que mirar se debía.
Si no muere la condesa — a vos costará la vida.
Por la honra de los reyes — muchos sin culpa morían,
por que muera la condesa — no es mucha maravilla."
"Yo la mataré, buen rey, — mas no será la culpa mía:
vos os avendréis con Dios — en fin de vuestra vida,
y prometo a vuestra Alteza, — a fe de caballería,
que me tengan por traidor — si lo dicho no cumplía
de matar a la condesa, — aunque mal no merecía.
Buen rey, si me dais licencia — yo luego me partiría."
"Vayáis con Dios, el buen conde, — ordenad vuestra partida."
Llorando se parte el conde, — llorando sin alegría;
llorando por la condesa, — que más que a sí la quería.
Lloraba también el conde — por tres hijos que tenía,
el uno era de teta, — que la condesa lo cría,
que no quería mamar — de tres amas que tenía
sino era de su madre — porque bien la conocía;
los otros eran pequeños, — poco sentido tenían.
Antes que llegase el conde — estas razones decía:

"¡Quién podrá mirar, condesa, — vuestra cara de alegría,
que saldréis a recebirme — a la fin de vuestra vida!
Yo soy el triste culpado, — esta culpa toda es mía."
En diciendo estas palabras — la condesa ya salía,
que un paje le había dicho — como el conde ya venía.
Vido la condesa al conde — la tristeza que tenía,
vióle los ojos llorosos — que hinchados los tenía
de llorar por el camino — mirando el bien que perdía.
Dijo la condesa al conde: — "¡Bien vengáis, bien de mi vida!
¿Qué habéis, el Conde Alarcos? — ¿por qué lloráis, vida mía,
que venís tan demudado — que cierto no os conocía?
No parece vuestra cara — ni el gesto que ser solía;
dadme parte del enojo — como dais de la alegría.
¡Decídmelo luego, conde, — no matéis la vida mía!"
"Yo vos lo diré, condesa, — cuando la hora sería."
"Si no me lo decís, conde, — cierto yo reventaría."
"No me fatiguéis, señora, — que no es la hora venida.
Cenemos luego, condesa, — de aqueso que en casa había."
"Aparejado está, conde, — como otras veces solía."
Sentóse el conde a la mesa, — no cenaba ni podía,
con sus hijos al costado, — que muy mucho los quería.
Echóse sobre los hombros; — hizo como que dormía;
de lágrimas de sus ojos — toda la mesa cubría.
Mirándolo la condesa; — que la causa no sabía;
no le preguntaba nada, — que no osaba ni podía.
Levantóse luego el conde, — dijo que dormir quería;
dijo también la condesa — que ella también dormiría;
mas entre ellos no había sueño, — si la verdad se decía.
Vanse el conde y la condesa — a dormir donde solían:
dejan los niños de fuera — que el conde no los quería:
lleváronse el más chiquito, — el que la condesa cría:
cierra el conde la puerta, — lo que hacer no solía.
Empezó de hablar el conde — con dolor y con mancilla:
"¡Oh desdichada condesa, — grande fué la tu desdicha!"
"No so desdichada, el conde, — por dichosa me tenía
sólo en ser vuestra mujer: — esta fué gran dicha mía."
"¡Si bien lo sabéis, condesa, — esa fué vuestra desdicha!
Sabed que en tiempo pasado — yo amé a quien servía,
la cual era la infanta. — Por desdicha vuestra y mía

prometí casar con ella; — y a ella que le placía,
demándame por marido — por la fe que me tenía.
Puédelo muy bien hacer — de razón y de justicia:
díjomelo el rey su padre — porque de ella lo sabía.
Otra cosa manda el rey — que toca en el alma mía:
manda que muráis, condesa, — a la fin de vuestra vida,
que no puede tener honra — siendo vos, condesa, viva."
Desque esto oyó la condesa — cayó en tierra amortecida:
mas después en sí tornada — estas palabras decía:
"¡Pagos son de mis servicios, — conde, con que yo os servía!
si no me matáis, el conde, — yo bien os consejaría:
enviédesme a mis tierras — que mi padre me ternía;
yo criaré vuestros hijos — mejor que la que vernía,
yo os mantendré castidad — como siempre os mantenía."
"De morir habéis, condesa, — en antes que venga el día."
"¡Bien parece, el Conde Alarcos, — yo ser sola en esta vida;
porque tengo el padre viejo, — mi madre ya es fallecida,
y mataron a mi hermano — el buen Conde Don García,
que el rey lo mandó matar — por miedo que dél tenía!
No me pesa de mi muerte, — porque yo morir tenía,
mas pésame de mis hijos, — que pierden mi compañía:
hacémelos venir, conde, — y verán mi despedida."
"No los veréis más, condesa, — en días de vuestra vida:
abrazad este chiquito, — que aquéste es el que os perdía.
Pésame de vos, condesa, — cuanto pesar me podía.
No os puedo valer, señora, — que más me va que la vida;
encomendáos a Dios — que esto hacerse tenía."
"Dejéisme decir, buen conde, — una oración que sabía."
"Decilda presto, condesa, — en antes que venga el día."
"Presto la habré dicho, conde, — no estaré un Ave-María."
Hincó las rodillas en tierra — esta oración decía:
En las tus manos, Señor, — encomiendo el alma mía:
no me juzgues mis pecados — según que yo merecía,
mas según tu gran piedad — y la tu gracia infinita.
"Acabada es ya, buen conde, — la oración que sabía;
encomiéndoos esos hijos — que entre vos y mí había,
y rogad a Dios por mí — mientra tuvierdes vida,
que a ello sois obligado — pues que sin culpa moría,
Dédesme acá ese hijo, — mamará por despedida."

"No lo despertéis, condesa, — dejaldo estar, que dormía,
sino que os pido perdón — porque ya viene el día."
"A vos yo perdono, conde, — por el amor que os tenía;
mas yo no perdono al rey, — ni a la infanta su hija,
sino que queden citados — delante la alta justicia,
que allá vayan a juicio — dentro de los treinta días."
Estas palabras diciendo — el conde se apercebía:
echóle por la garganta — una toca que tenía,
apretó con las dos manos — con la fuerza que podía:
no le aflojó la garganta — mientra que vida tenía.
Cuando ya la vido el conde — traspasada y fallecida,
desnudóle los vestidos, — y las ropas que tenía:
echóla encima la cama, — cubrióla como solía;
desnudóse a su costado, — obra de un Ave-María:
levantóse dando voces — a la gente que tenía:
"¡Socorré, mis escuderos, — que la condesa se fina!"
Hallan la condesa muerta — los que a socorrer venían.
Así murió la condesa, — sin razón y sin justicia;
mas también todos murieron — dentro de los treinta días.
Los doce días pasados — la infanta ya moría;
el rey a los veinte y cinco, — el conde al treinteno día,
allá fueron a dar cuenta — a la justicia divina.
Acá nos dé Dios su gracia, — y allá la gloria cumplida.

NOTES

ABBREVIATIONS

Primavera: Primavera y Flor de Romances, por F. J. Wolf y C. Hofmann. 2 vols. Berlin, 1856: or from the amplified edition of the same by M. Menéndez y Pelayo, Madrid, 1912, the ballads of the Berlin edition ending on p. 168 of the second volume of this edition.

Primavera, II and III: Other ballads added by M. Menéndez y Pelayo to his amplified editions.

Tratado: Tratado de los romances viejos, por M. Menéndez y Pelayo. 2 vols. Madrid, 1914.

Durán: *Romancero General, o colección de romances castellanos*, por Don Augustín Durán: 2 vols. Madrid, 1877 (in *Biblioteca de Autores Españoles*, tomos X y XVI).

Michaelis: *Romancero del Cid*, por Carolina Michaelis. Leipzig, 1871.

Mariana: *Historia General de España*, por Juan de Mariana, edited by F. Pi y Margall, vols. XXX and XXXI of *Biblioteca de Autores Españoles*.

Poesía: De la poesía heroico-popular castellana por M. Milá y Fontanals (*Obras completas*, vol. VII). Barcelona, 1896.

Guerras Civiles de Granada: por Pérez de Hita. Edited by Paula Blanchard-Demouge from the *editio princeps* of 1595. 2 vols. Madrid, 1913.

D.Q. Cervantes: *Don Quixote*, quoted by the chapters of the Two Parts, and by volume and pages in the edition published by the Royal Academy of Madrid in 4 vols. 4to. 1780.

Dozy: *Recherches sur l'histoire et la littérature de l'Espagne pendant le moyen âge*, par R. Dozy (Troisième édition: 2 vols. 1881).

Lockhart: *Ancient Spanish Ballads, translated with notes*, by J. G. Lockhart: quoted by numbers of the 53 ballads and titles.

Gibson: *The Cid Ballads translated from Spanish*, by J. Y. Gibson; 1 vol. edition, 1898.

Ticknor: *History of Spanish Literature*, 3 vols. London, 1863.

Child: *English and Scottish Popular Ballads*, by F. J. Child; 1 vol. edition, 1905.

Bowring: *Ancient Poetry and Romances of Spain*, by (Sir) John Bowring. London, 1824.

Pidal: *El Romancero español* por Ramón Menéndez Pidal. The Hispanic Society of America, 1910.

Pidal: *L'Épopée castillane:* traduction de Henri Mérimée. Paris, 1910.

References are to the numbers of the ballads in Durán and in *Primavera*, but in *Primavera* II and III, to the pages of those volumes; as, naturally, is the case for all other references.

NOTES TO THE BALLADS

1: p. 3. *Primavera*, No. 153. *Tratado*, II. 531. Translated by Lockhart, No. 44, *Count Arnaldos*; by Bowring, p. 78; by Gibson, *Cid*, p. 390; and admirably rendered by Longfellow in *The Secret of the Sea* (*The Seaside and the Fireside*):

> Ah! what pleasant visions haunt me
> As I gaze upon the sea!
> All the old romantic legends,
> All my dreams, come back to me.
>
> . . . .
>
> Telling how the Count Arnaldos,
> With his hawk upon his hand,
> Saw a fair and stately galley
> Steering onward to the land.

And see J. Fitzmaurice-Kelly in *Chapters on Spanish Literature*, p. 115. In line 5, *la ejercia* is apparently the rigging of the ship, and *cendal* is twisted crape, the word being of frequent occurrence in the ballads. Rebecca, daughter of Isaac of York, wore 'a veil of twisted sendal, broidered with silver.' *Ivanhoe*, ch. xxxiv.

2: p. 3. *Primavera*, No. 114 a. *Tratado*, II. 528. Translated by Lockhart, No. 50, *The Captive Knight and the Blackbird*; also by Gibson, *Cid*, p. 367; and Bowring, p. 42.

3: p. 4. *Primavera*, No. 117. *Tratado*, II. 497. Translated by Bowring, p. 276.

4: p. 4. Addressed to the spring of Fonte-frida. *Primavera*, No. 116. *Tratado*, II. 530. Translated by Ticknor, *Literature*, I. 111; by Bowring, p. 38, and by Gibson, *Cid*, p. 372.

5: p. 5. To the Lady Rose. *Primavera*, No. 115. *Tratado*, II. 503. Translated by Ticknor, *Literature*, I. 111; by Bowring, p. 130; also by Gibson, *Cid*, p. 371.

6: p. 5. *Primavera*, No. 125. *Tratado*, II. 388. Translated by Lockhart, No. 48, *The Wandering Knight's Song*; also by Bowring, p. 73. The ballad is famous, as having been quoted by Don Quixote when he watched his armour at the inn (which he took to be a castle) and conversed with the inn-keeper (whom he mistook for the castellan) on matters of knight-errantry. Cervantes was evidently fond of the lines, for he quotes them again in describing how Don Quixote walked along the beach near Barcelona. *D.Q.* Part I, ch. ii (I. 12), and Part II, ch. lxiv (IV. 270). The first two lines of this ballad occur again later in Ballad 139, p. 169, lines 4 and 5.

7: p. 5. *Primavera*, II. p. 209 and see Note, p. 210. The story of the Serrana—woman of the sierra or hill-country—of La Vera was dramatised by both Lope de Vega and Vélez de Guevara. In the play she, a woman of the people, is represented as having been abandoned by her lover, a captain, and to avenge her wrongs she entices men to her cabin and at dawn kills them. The tragedy of the play is that the captain finally falls her victim, and she herself is hunted down by the men of the Santa Hermandad who are guarding the roads. The ballad is not so tragic. Garganta la Olla is a town to the east of Plasencia, and the stream of the same name runs near by the monastery of Yuste, where Charles V died.

8: p. 6. *Primavera*, No. 119. *Tratado*, II. 507. Its analogue is the English ballad known under the title of *Lady Isabel and the Elf-Knight*. F. J. Child writes: 'Of all ballads this has perhaps obtained the widest circulation: it is nearly as well known to the southern as to the northern nations of Europe.' Indeed 125 versions, with over 40 different names for the protagonists in this small drama, are cited by him, and by Count Nigra in the Piedmontese ballad collections. The details vary considerably, but in all the case is that a lady who is about to follow her lover (or husband) is told by him that she must forthwith die by his hand—as has already happened to all his lady-loves, her predecessors. She, however, by some artifice manages to kill the man first. Child, *Ballads*, p. 4. C. Nigra, *Canti Populari del Piemonte* (1888), pp. 95–105. The *cuchillo lugués* of line 14 may mean a knife made at Lugo, a town of Galicia, but more probably refers to the celebrated Italian *coltelli lucchesi* made at Lucca.

9: p. 7. *Primavera*, III. p. 132. *Tratado*, II. 533. Spanish ballads rarely deal with the supernatural: and this makes the following *romance* the more noteworthy, in which the wraith of Beatriz, his dead wife, appears to her faithless husband. The first eight lines possibly are an addition by a later hand. This and the ballad next following, *El Palmero*, have always been popular in Spain, well known to the children, who are wont to sing them in chorus. On the occasion of the premature death (June, 1878) of Queen Mercedes the first wife of Alfonso XII—the queen being greatly beloved by the populace—they sang in the streets of Madrid an adaptation of the old ballad, beginning with the following lines:

'¿Dónde vas, rey Alfonsito — dónde vas, triste de ti?'
'Voy en busca de Mercedes — días ha que no la vi.'
'Merceditas ya se ha muerto — muerta está, que yo la vi.'

Pidal, *El Romancero*, p. 115.

10: p. 8. Durán, No. 292. Translated by Lockhart, No. 51, *Valladolid*; and by Gibson, *Cid*, p. 355, *The Palmer*; and by Bowring, p. 80.

11: p. 8. *Primavera*, No. 143. *Tratado*, II. 529. It may be pointed out that *alcohol* in line 7, as applied to the lady's blue eyes, is not the spirit now so-called, but *kohl*, the collyrium of antimony and smoke-black, as commonly used throughout the East.

12: p. 9. *Primavera*, III. p. 136, and see the Note to the same, p. 137. The story is the subject of Tennyson's poem, *The Lover's Tale*.

13: p. 10. Durán, No. 1577. Translated by Bowring, p. 145.

14: p. 10. *Primavera*, No. 140.

15: p. 11. *Primavera*, III. p. 98, and see Note, p. 99; also *Tratado*, II. 509. The ballad of the jealous Mariana who poisons her lover, rather than that he should marry another, is found in many versions, current in the various provinces of Spain and in Portugal. In these the names generally differ from those of the Asturian version here given. Menéndez Pidal (*El Romancero Español*, p. 126) has cited a curious variant from Leon, and another current among the Jews of Tangiers, which last he considers to be the most primitive of all the extant versions.

16: p. 12. *Primavera*, III. p. 55, and see Note, p. 56. The Duke of Alva mentioned in the ballad was Don Fadrique de Toledo, the son of the great duke of Philip II's reign. The ballad, which was taken down from oral tradition, is unfortunately incomplete, but would appear to date from the very time of the incident.

17: p. 12. *Primavera*, No. 141. Translated by Bowring, p. 102.

18: p. 13. *Primavera*, No. 142. *Tratado*, II. 503–506. The ballad of *La bella mal maridada*, written in the closing years of the 15th century, became famous and very popular in the next century, when innumerable glosses with parodies and variations on it were written by many of the poets of the Golden Age. It would appear that the original text of this ballad has not come down to us.

19: p. 13. *Primavera*, No. 136. *Tratado*, II. 501–503. Translated by Bowring, p. 120. There is a curious version of this ballad, taken down in the Coquimbo province of Chile, given by Menéndez y Pelayo.

20: p. 14. *Primavera*, III. p. 111: and see Note, pp. 112–115. Among French popular ballads, and worthy even to take rank with the *Chanson de Roland*, is that known as the *Chanson du Roi Renaud*. This tells the same story as the *romance* of Don Pedro and Doña Alda. Of the French ballad G. Doncieux has published an exhaustive study (see *Le Roi Renaud* in *Le Romancero populaire*, Paris, 1904, pp. 84–124), and further he gives us a *Texte Critique* (p. 87) of 21 verses. The English analogue is *Clerk Colvill* (Child, *Ballads*, No. 42, p. 74). *Le Roi Renaud* was amazingly popular, and spread all over France. Doncieux notes some sixty versions in *langue d'oc* and in *langue d'oïl*; and six more come from Piedmont. *Pascua Florida* or *Pascua de Flores* is Easter.

21: p. 15. *Primavera*, II. p. 238. The return of the husband from the wars, at first unrecognised, is the subject of many ballads in many lands. Others in the Spanish collection are under the name of *La ausencia*: see *Primavera*, III. pp. 83, 84, 138, and the Note to p. 85.

22: p. 16. *Primavera*, III. 32, and Note to pp. 35–38. Throughout Spain one of the most popular personages in the ballads is the page Gerineldo, who was so lucky in his love affairs: and the people have the proverb '*mas galán que Gerineldo*.' The Gerineldo ballads are numerous: and vary with the locality. The one given is from the Asturias. The dialogue begins with the Infanta, and Gerineldo makes a modest reply. In those days queens, as such, apparently suffered from insomnia. It is perhaps worth noting that *aborrecido* in line 18 means 'cast down,' 'sad'; in modern Spanish *aborrecer* is 'to hate.'

23: p. 16. *Primavera*, No. 157. *Tratado*, II. 526. The present and the next ballad are both of a somewhat picaresque order.

24: p. 17. *Primavera*, No. 158. *Tratado*, II. 523. Translated by Bowring, p. 117. This ballad, which was frequently glossed in the 17th century, may be compared with the famous *Romance contrahecho al que dize 'Tiempo es, el caballero'* by Cristóbal de Castillejo. (See the *Oxford Book of Spanish Verse*, p. 87, No. 66.)

25: p. 17. *Primavera*, No. 151, but the first nine lines are from the version given by R. Menéndez Pidal in *El Romancero Español*, p. 123. *Tratado*, II. 520. Translated by Lockhart, No. 42, *The Lady of the Tree*, by Gibson, *Cid*, p. 369, and by Bowring, p. 118. The ballad is remarkable for the supernatural elements—the Infantina's hair, and the spell of the seven fairies—which are brought in with much effect. It is a quaint excuse that the cavalier must needs consult his mother.

26: p. 18. *Primavera*, No. 154. *Tratado*, II. 519. A *romance* which recalls the English ballad of *The Baffled Knight* (Child, *Ballads*, No. 112, p. 239).

27: p. 19. *Primavera*, III. p. 193. *Tratado*, II. 524–526. This ballad has been rendered very popular throughout Spain by Fernán Caballero, who used it in her novel, '*Pobre Dolores!*'

28: p. 20. *Primavera*, No. 149.

29: p. 21. *Primavera*, III. p. 72, and Note, p. 75. *Tratado*, II. 532. This weird ballad, which comes from the Asturias province, according to Menéndez y Pelayo is derived from some French source connected with the Tristan legend (see the following ballads) of the Arthurian cycle. The planting of trees on the lovers' grave is an incident common to folk-lore, found in many lands as far apart as China, Egypt and the Ukraine;

and Beaurepaire has given a popular song from Normandy, which runs:

> Sur la tombe du garçon — on y mit une épine,
> Sur la tombe de la belle — on y mit une olive.
> L'épine crut si haut — qu'elle embrassa l'olive,
> on en tira du bois — pour bâtir des églises.

30: p. 22. *Primavera*, No. 146. *Tratado*, II. 469. The story of Tristan as current in Castile differed in some respects from the northern versions. In the somewhat prolix *Crónica de Don Tristán de Leonís*, printed at Seville in 1518, it is King Mark who kills Tristan with the thrust of a poisoned lance; and when Isolda comes back to him, he is dying. Further we have no mention of the Black Sail, hoisted in mistake for the White Sail, that should have heralded her return. On the other hand the White Lily that sprang up from the mingled tears of the lovers, and which produced so remarkable an effect on any woman who came to eat of it, apparently is a purely Spanish addition to the legend.

31: p. 23. *Primavera*, No. 148. *Tratado*, II. 468 and 473. Translated by Gibson, *Cid*, p. 385. In this, and the ballad which follows it, Lancelot is the hero. In the first ballad Queen Guinevere complains to him of the overbearing arrogance of a certain knight, and Lancelot kills him. It is to be observed that Quintañona (or Quintañones, as the name is written in the next ballad) is from *Quintañón*, a person who is 'a hundred years old.' Cervantes has parodied this ballad in *Don Quixote*, Part I, applying the opening words to the Knight of the Rueful Countenance when he is served at the Inn, on his first sallying forth from home, by the attendant maids. It is again quoted in Part I as '*aquel tan sabido romance, y tan decantado en nuestra España*'; and finally in Part II, when Sancho and the Duenna have a difference about Dapple. *D.Q.* Part I, ch. ii (I. 13), and ch. xiii (I. 93); Part II, ch. xxxi (III. 270).

32: p. 23. *Primavera*, No. 147. *Tratado*, II. 473. Translated by Gibson, *Cid*, p. 387. This is one of the earliest ballads that has come down to us. Three lines of it are quoted by Lebrija (otherwise Nebrija, born 1444), who wrote his *Gramatica sobre la lengua castellana* in 1492, and he speaks of it then as old. The legend of the White-footed Stag is found in a Dutch version (*Roman van Lancelot*: W. J. A. Jonckbloet: Hague, 1846) of a lost French original, and of this Gaston Paris has given an account in *Lancelot et le cerf au pied blanc* (*Histoire littéraire de la France*, xxx. p. 113, Paris, 1888). Briefly the story is as follows. The Court of Arthur is informed of a White-footed Stag guarded by Seven Lions: and they are told of a certain king who in wrath cursed his three sons, changing them respectively into a stag, a dog, and a pagan Moor. Lancelot, who is courting various dames, is promised her favours by the Lady Quintañones if he will bring her the White-footed Stag. He goes a-hunting, meets a hermit, and enquires of him the stag's lair. The hermit answers that two hours before daybreak the stag had gone by, followed by seven lions and a lioness, having left behind for dead seven counts and many knights: and he adds that whoever sent Lancelot to hunt the stag did not wish him well. The Dutch ballad ends with a mighty curse on the Lady Quintañones.

33: p. 24. *Primavera*, III. p. 149. *Romances* on Biblical subjects, or from pious legends, are uncommon. The present ballad will recall one in the Cid collection (given later, see Ballad 66), which likewise inculcates charity to the Leper. The last ballad in this section describes a supposed incident in the Return from the Flight into Egypt.

34: p. 24. *Primavera*, III. p. 142.

35: p. 29. *Primavera*, No. 4. *Poesía*, p. 127. Bishop Orpas and Vellido Dolfos (who foully slew King Sancho, see Ballad 72) are the two arch-traitors of Spanish history, as known to the people.

36: p. 30. *Primavera*, No. 5 a. *Tratado*, I. 168. Translated by Gibson, *Cid*, p. 281. 'La Cava' is undoubtedly not a personal name, but an epithet; and *Kahbah* is still the common word in Arabic for 'a harlot.' Thus, Pedro de Alcalá in his *Vocabulista Arávigo*, 1505 (the first Spanish-Arabic dictionary, and written for the instruction of those who had to convert the Moors of Granada) translates the Spanish word *Puta* by *cahba*. Further in *Don Quixote*, when the Captive is telling his story he speaks of the promontory called Cabo de la Cava Rumía, (Cape of La Cava, the Christian woman) not far from Algiers, where, according to tradition, La Cava was buried. He adds, *porque 'Cava' en su lengua quiere decir 'mujer mala.'* D.Q. Part I, ch. xli (II. 289). In later times La Cava was popularly known under the name of Florinda. Miguel de Luna, in 1587, appears to be the first to call her thus in his *Historia verdadera del rey don Rodrigo*: but the earliest ballad to mention the name Florinda is the very late one (see Durán, No. 590) in which '*La malograda Florinda*' laments her sad condition. The popular verdict on the matter is rendered in a ballad given by Durán (No. 586), where the famous lines occur:

> *Si dicen quién de los dos — la mayor culpa ha tenido,*
> *Digan los hombres 'La Cava' — y las mujeres 'Rodrigo.'*

37: p. 31. *Primavera*, No. 5. *Tratado*, I. 170. Translated by Gibson, *Cid*, p. 282, also by Lockhart, No. I, *The Lamentation of Don Roderick*: further Victor Hugo has given a wonderful rendering of this ballad in *Les Orientales* (No. xvi) under the title of *La Bataille perdue*. But the ballad owes its chief fame for having been quoted by Ginés de Pasamonte in his exhibition of the puppet-show to Don Quixote. D.Q. Part II, ch. xxvi (III. 235).

38: p. 32. *Primavera*, No. 7. *Tratado*, I. 173. Translated by Gibson, *Cid*, p. 284; and Lockhart, No. 2, *The Penitence of Don Roderick*. This ballad again finds mention in *Don Quixote*, where the Duchess's duenna Doña Rodríguez quotes a couplet, in the matter of the King's punishment; and Sancho (as already noted in our Introduction) assures the Duchess that the ballads are all so old that they can safely be relied on as veracious history. *D.Q.* Part II, ch. xxxiii (III. 298).

39: p. 34. *Primavera*, No. 8. *Poesía*, p. 169. On Turpin and the *Chronicle* falsely ascribed to him see J. Bédier, *Les légendes épiques*, 1912, III. p. 68; and R. Dozy, *Recherches*, II. 372. The most convenient English translation of Bishop Turpin's work will be found in *Y Cymmrodor*, vol. xx. 1907, containing *The History of Charlemagne from the Welsh version*, by R. Williams.

40: p. 35. *Primavera*, No. 10. *Tratado*, I. 205. The game of *los tablados* was a sort of quintan, played on a board (*tablado*) on which were set 'pins' or baulks of wood (*las tablas*), and these had to be hit and overthrown by a javelin or short lance (*bohordo*) hurled from a distance; whence the verb *bohordar*, 'to throw the javelin.' The difficulty depended on the fact that the *tablado* was set up at a considerable height. The word *tablas* was also used in reference to a table game of draughts or chequers, which is spoken of as the *juego de tablas*.

41: p. 36. *Primavera*, No. 12. *Tratado*, I. 210. The Arlanza is the stream flowing through Salas de los Infantes which ultimately joins the Arlanzón, the river on which Burgos stands. Milá y Fontanals (*Poesía*, p. 170) remarks of this spirited ballad that though in its assonances it is perfect, nevertheless it cannot be very old in view of certain of its details. Musa the Moor of Granada could not have been a contemporary of Bernardo (real or imaginary); also nobody gave his life at that time for the Republic: and the horse-trappings of *grana*, or scarlet cloth, are an anachronism. The same may be said of the scene being laid at Burgos on the banks of the Arlanza, in place of the Arlanzón.

42: p. 37. *Primavera*, No. 183. *Tratado*, II. 264–268. A longer version of this ballad is given by Menéndez y Pelayo in *Primavera*, II. p. 245. Referring to this *romance*, Gaston Paris wrote that it reproduced very faithfully the French tradition, being modelled on known poems of the Troubadours (*Histoire poétique de Charlemagne*, p. 208). As regards King Marsín, who rode a zebra (although he could have had a horse), he is the Reis Marsilis of the *Chanson de Roland*, the Moslem lord of Saragossa (or Sansueña); and the name is supposed by Conde to be a corruption from *Omaris filius*, for a certain (Abd-al-Malik) Ibn Omar is known to the Arab chronicles, having been at one time governor of Seville for Abd-ar-Rahmán I (see Ibn-al-Athír, v. 381 and VI. 5).

According to the *Chanson*, Charlemagne after Roncesvalles returned to Spain, captured Saragossa, put Marsilis to death, and carried off back to France his widow, who consented to be baptised. As to the Zebra on which Marsín rode, the word is of frequent occurrence in the ballads, and appears merely to stand for 'an Arab barb,' as we should say. In *Don Quixote* Sancho Panza commenting on how the wench who figures as Dulcinea bestrode her ass, remarks that without spurs she could make the beast '*correr como una zebra*.' 'El rey Marsín de Sansuena' also appeared before Don Quixote in the puppet-show, when the Boy was so sternly rebuked by the good knight for his exceeding prolixity. *D.Q.* Part II, chs. x and xxvi (iii. 82 and 231). It may be noted in passing that the battle of Roncesvalles took place on the 15th August, 778, which does not agree with *Domingo de Ramos*, or Palm Sunday, the date traditionally mentioned in the ballad.

43: p. 37. Durán, No. 398. *Tratado*, ii. 377. This ballad Gaston Paris pointed to as one worthy of a place among those selected for the *Primavera y Flor de Romances*. It need scarcely be objected that Charlemagne was not present at Roncesvalles: the ballads are no authority for history. (*Histoire poétique*, p. 208.)

44: p. 38. *Primavera*, No. 181. *Tratado*, ii. 423. Translated by Gibson, *Cid*, p. 321. Cervantes bestowed immortal fame on Durandarte and Montesinos by reason of the adventures which happened to Don Quixote in the Cave of Montesinos, and which he described to Sancho Panza, who commented thereon. Four lines of the ballad are there quoted. *D.Q.* Part II, chs. xxii and xxiii (see especially iii. 200). Thus made popular, the ballad was often parodied, as for instance in the *romance* printed by Durán, No. 1425, beginning:

¡Oh princesa, linda dama — por mi mal fuiste nacida!

45: p. 39. *Primavera*, No. 184. *Tratado*, ii. 369. Translated by Lockhart, No. 40, *The Lady Alda's Dream*, by Gibson, *Cid*, p. 324, and by Ticknor, *Literature*, i. 121. In the *Chanson de Roland* it is Charlemagne who comes to Alde la belle to announce the catastrophe of Roncesvalles. She dies of grief, and the episode is one of the most pathetic as told in the stanzas of that wonderful poem. See the *Édition Classique* par L. Gautier (Tours, 1879), p. 329, stanzas ccxcviii and ccxcix.

46: p. 40. *Primavera*, No. 13 a. *Tratado*, i. 208. This ballad, which has come down to us in two versions, is, according to Milá y Fontanals, the only really old and primitive *romance* of the Bernardo cycle (*Poesía*, p. 172). The line (repeated again in Ballad 54, line 9, see p. 49)

Mensajero eres, amigo, — no mereces culpa, no,

is almost a proverb, being quoted by Sancho Panza in his communings with himself, when Don Quixote has sent him into Toboso to find the Lady Dulcinea. *D.Q.* Part II, ch. x (III. 76, 77).

47: p. 41. Durán, No. 657. Translated in part by Lockhart, No. 5, *The Funeral of the Count of Saldaña.* There are no very good ballads of this last episode in Bernardo's pleading with King Alfonso for his father's release.

48: p. 42. Durán, No. 646. *Tratado*, I. 211. Translated by Lockhart, No. 3, *The March of Bernardo del Carpio.* This, it is evident, is not a *romance viejo.* It is none the less, in parts, a good imitation of an old popular ballad. Longfellow praised it greatly in *Outremer* (see the chapter on 'Ancient Spanish Ballads,' pp. 150 and 162 of the London edition of 1851), where he gives a translation of eleven verses. It is, he adds, 'one of the finest of the historic ballads,' and 'is hardly inferior to *Chevy Chase.*' The *Hijo de Zebedeo* (last line, p. 42) is of course Santiago (St James), to whom Our Lady appeared standing on the famous Pilar in Saragossa cathedral.

49: p. 43. *Primavera*, No. 124, and Durán, No. 8, who in error changes the names, ascribing it to *Moriana y Galván. Tratado*, II. 388. Translated by Lockhart, No. 46, *Juliana.*

50: p. 43. *Primavera*, No. 174. *Tratado*, II. 384. The first line of the ballad states that the time was 'exactly on the stroke of midnight,' the words *por filo* having reference to the line on the support of the balance with which the pointer of the beam must coincide when this last lies even. It may be worth pointing out, as the book has become a classic, that Ticknor has misunderstood this expression, which, he states, refers to 'the counting of time by the dripping of water.' (See *Literature*, I. 121, Note 3.)

51: p. 44. *Primavera*, No. 179. *Tratado*, II. 411–417. Translated by Gibson, *Cid*, p. 319. Menéndez y Pelayo writes of this ballad as '*lindísima joya de nuestra poesía popular,*' and on the story of Montesinos, as the ballads portray him, full details will be found in the *Tratado.*

52: p. 45. *Primavera*, No. 195. *Tratado*, II. 406. The incidents of this ballad and of the next are unmentioned by the French histories of Charlemagne. The topography is fanciful. St John Lateran, of course, is not in Paris, though this and many other *romances* place it there. As to Sansueña, the Boy who explains the puppet-show in *Don Quixote* says it is the town 'which to-day is called Saragossa.' In the French *chansons de geste* Sansueña stands for Saxony. *D.Q.* Part II, ch. xxvi (III. 230).

53: p. 47. *Primavera*, No. 150. *Tratado*, II. 407. Translated by Gibson, *Cid*, p. 364, and Lockhart, No. 43, *The Avenging Childe.* There is another version of this famous *romance* given by Menéndez y Pelayo in *Primavera*, II. p. 237. The ballad would appear to be of northern, possibly Scandinavian, origin. The fatidic number seven, as may be noted, recurs in many *romances*. The dragon recalls Fafnir, whose blood made Sigurd invincible.

There are a number of other narrative ballads of the Carlovingian cycle, which are unfortunately too long to be included in the present collection, but which will be found at the end of the second volume (Berlin edition) of the *Primavera*. Among these the reader will be repaid by turning to the ballad of the Conde Claros de Montalbán (*Primavera*, No. 190, and *Tratado*, II. 400), who is condemned to death for love of the Infanta Claraniña. On his way to the scaffold he answers his uncle the Archbishop, who is trying to point the obvious moral, by the justly celebrated lines:

> *Calledes por Dios, mi tío — nome queráis enojar,*
> *quien no ama las mujeres — no se puede hombre llamar:*
> *mas la vida que yo tengo — por ellas quiero gastar.*

Next we have the various *Romances de Gaiferos* (*Primavera*, Nos. 171 to 174), translated by Gibson (*Cid*, 247–318), and by Lockhart (Nos. 38 and 39, *The Escape of Gayferos* and *Melisendra*), setting forth how as a boy Gaiferos escaped from his stepfather Don Galván, and after living some years with his uncle Don Beltrán, returns disguised, slays the wicked Galván (who had killed the father of Gaiferos), and liberates his mother, who had been forced into a marriage with Galván. The next ballad relates how Gaiferos, after many adventures, brought home his wife (called here Melisendra and not Julianesa), who for some years was a captive among the Moors (see above, Ballads 49 and 50, p. 43). This ballad is famous, for it was acted before Don Quixote by Ginés de Pasamonte in his puppet-show. *D.Q.* Part II, ch. xxvi (III. 230). And further we have the *Romance del Conde Guarinos Almirante de la mar*, beginning with the lines:

> *Mala la vistes, franceses, — a caza de Roncesvalles!*

which Don Quixote heard sung at early dawn by the labourer, as he and Sancho were entering Toboso to seek Dulcinea. *D.Q.* Part II, ch. ix (III. 72). This ballad has been translated by Gibson, *Cid*, p. 326, and also by Lockhart, No. 41, *The Admiral Guarinos*. Besides these there are other *romances* of the Carlovingian cycle which will be found in the collection of Durán, some of considerable length, being somewhat prolix narratives of knightly deeds performed by the Twelve Peers. In detail, however, they are extremely vivid and quaint: and for the most part are not modelled on any of the French ballads of Charlemagne and his Peers, among whom the names of Guarinos, Grimaltos, Montesinos and

Calainos are unknown. For the identity of these personages, and for the names of places mentioned, see Milá y Fontanals, *Poesía*, pp. 360–365; and Menéndez y Pelayo, *Tratado*, II. pp. 320–445.

54: p. 49. *Primavera*, II. 179. *Tratado*, I. 236. Line 9 of this ballad, which has become proverbial, has already occurred in Ballad 46, where the note (see above, p. 186) may be consulted.

55: p. 50. *Primavera*, II. 180; and see Note to p. 181. *Tratado*, I. 229.

56: p. 52. *Primavera*, No. 15. Translated by Lockhart, No. 8, *The Escape of Count Fernán González*. See Mariana, Lib. VIII, caps v–vii (I. pp. 227, 229, 230). In reading this ballad it should be borne in mind that the Countess, his wife, in effecting by bribery her husband's escape from prison, is unable to have his fetters removed; he therefore rides away with her bearing his chains; and this accounts for the misadventure with the Archpriest.

57: p. 53. *Primavera*, No. 18. *Tratado*, I. 229 and 232. The Goshawk (*Azor*) and the Horse mentioned, line 10, p. 55, have reference to a forced sale, or tribute, for which payment was due on the terms known as *gallarin*, to wit, that for every day beyond the forfeit-date the price shall be doubled; or in other words the sum total goes up by geometrical progression. The origin of the term is obscure, and for a full discussion see C. Pitollet: Notes on the *Poema de Fernán González*, in *Bulletin Hispanique*, IV. 157 (Bordeaux, 1902): also Durán, No. 699, for another *romance*. Now in the present case the price to be paid by the king for the horse and the goshawk was a thousand marks, and after a very short delay in repayment, at geometrical progression, the sum due would amount to more than all Spain could answer for. By this means, according to the ballad, the County of Castile became a Kingdom; since the king of Leon, to compound with his creditor for an unpayable debt, agreed to forgo all arrears of tribute from Castile, and after this settlement complete independence was but a matter of time.

58: p. 56. *Primavera*, No. 28. *Tratado*, I. 284. The various *romances* give different accounts of the nature of the insult offered to Doña Lambra, and the details, other than those given in the ballads, are narrated at length by Mariana, in Lib. VIII, cap. ix (I. p. 235). His account of the quarrel has been translated by Lockhart in the introduction to the two ballads he has given on the Infantes of Lara. Doña Lambra's insulting allusion to her sister-in-law as '*puerca en muladar*' is explained by what is asserted in some of the ballads, that her seven sons all came into the world at a birth. The game of *Las Tablas* which Gonzalvico would not stay at home at the inn to play is Chequers, and he went out to *bohordar* (see above, p. 185, note to Ballad 40).

As has been explained in the Introduction, very few of the Spanish ballads, in their present form, can be ascribed to a date much earlier than the beginning of the 15th century. The ballads of this century, with those of the first half of the 16th century, are the primitive, or popular, *romances viejos*, which were followed at the end of the 16th and in the 17th centuries by the artistic ballads of Góngora, Lope de Vega and others. For the most part these early popular *romances* are now considered to stand as fragments of the longer epics, the *cantares de gesta* composed and sung by the *juglares* in the 12th and 13th centuries, but which have, unfortunately, survived (and that partially) only in three instances. On the subject of the lost epic on the Infantes of Lara (which is one of the three), R. Menéndez Pidal has written an interesting study in constructive criticism, *La Leyenda de los Infantes de Lara* (Madrid, 1896), to which the reader may be referred for the original forms of many of the ballads given in the text.

59: p. 58. *Primavera*, No. 21. *Tratado*, 1. 285. For the topography of the raid and places named see *Leyenda*, Part I, ch. vi, p. 175, under '*Los lugares, y sus tradiciones.*'

60: p. 60. *Primavera*, No. 23. *Poesía*, p. 213. Milá y Fontanals points out that the mention of the '*media luna*' and the distinction drawn between Allah and Mahomet are points which show that this ballad cannot be very ancient. Canicosa is in the Salas territory: so it is here imagined that the Infantes met their death near their own home, and not in the Moslem lands, as is implied in the third line of Ballad 59. Palomares—'the Dovecots'—is a name of common use, and Arabiana is also mentioned in the last of the Lara ballads; both these are supposed to be near by, in the lands of Lara.

61: p. 61. *Primavera*, No. 24. *Poesía*, p. 214. Milá y Fontanals notices the confusion of the names of the Seven Infantes. The two sons Suero and Gustos are recorded as one person; the Conde Fernán González (line 22) stands for Garci-Fernández; Martín Gómez is for Martín González; Suero Gustos is for Suero González (Gustos being left out, as already noted): and Ruy Gómez '*vuestro tío*' stands for Ruy Velázquez.

62: p. 63. *Primavera*, No. 26. *Tratado*, 1. 280. Translated by Lockhart, No. 10, *The Vengeance of Mudarra*. A brilliant adaptation of this ballad was made by Victor Hugo in his *Orientales* (No. xxx), under the title of *Romance Mauresque*, beginning with the lines:

> Don Rodrigue est à la chasse
> Sans épée et sans cuirasse,

and see the notice of this *Roman Mauresque* by Gaston Paris in *Poèmes et Légendes du Moyen-Âge*, p. 252. The last line of the ballad—'Traitor and Doña Sancho's foe: thou diest on the spot'—is famous for having been quoted, against Don Quixote, by the rebellious Sancho when he tripped up his master, he, Sancho, declining to whip himself except at his own time and pleasure. *D.Q.* Part II, ch. lx (IV. 226).

63: p. 64. Durán, No. 721. *Tratado*, II. 78; and *Poesía*, p. 301. Translated by Lockhart, No. 11, *The Wedding of the Lady Theresa.* For a discussion of the story see Dozy, *Recherches*, I. 184. The authority for the legend is the *Chrónicon* of Pelayo, bishop of Oviedo, writing in circa 1120, a century after the event. In *Primavera*, No. 27, another ballad will be found on the same subject, which possibly may be older than the one here given: but as it is written in full rhyme (not in assonance) it is not, according to definition, a true *romance*.

64: p. 66. *Primavera*, No. 29 (and No. 16). *Tratado*, I. 348. Translated by Gibson, *Cid*, p. 15, and by Lockhart, No. 12, *The young Cid.* The Cid of the ballads is of course not the Cid of authentic history. How Ruy Díaz de Bivar appeared to his contemporaries, Christian and Moslem, has been set forth by R. Dozy in *Le Cid d'après de nouveaux documents*, vol. II. pp. 1–233 of his *Recherches*. But as showing how early the legend grew up, it will be found that in the *Poema del Cid*, which was written only about half a century after the hero's death, most of the picturesque, unhistorical incidents of the later ballads are already to be found fully developed. In the Cid ballads which follow, the texts given in the *Primavera*, and by Durán, have been compared with those printed by Carolina Michaelis (Vasconcellos) in her *Romancero del Cid* (Leipzig, 1871), but very few of her emendations have seemed worthy of inclusion.

65: p. 68. *Primavera*, No. 30 *b*. Translated by Gibson, *Cid*, p. 22. This is the theme of Corneille's splendid drama, and it will be noted that the ethics of the 17th century play and those of the old ballad are not identical. In matter of fact the marriage took place much later than the ballad narrates, namely in July, 1074, in the reign of King Alfonso, and after the events of the siege of Zamora. Further, the real Ximena was the daughter of Diego, Count of Oviedo; and as to Count Gómez her father, in the ballad his name of Lozano, there taken in error as the Count's baptismal name, was originally merely an adjective, meaning 'fat,' as applied to his personal appearance.

66: p. 69. Durán, No. 742, and Michaelis, No. xxii, p. 33. Translated by Gibson, *Cid*, p. 42, also by Lockhart, No. 17, *The Cid and the Leper.* The historical accuracy of the incident cannot be proved; but it is one of the legends already given in the *Poema del Cid.* In one of his earliest fights the Cid overthrew and killed Martín González (as mentioned in the ballad), thereby winning the city of Calahorra for Castile from the king of Aragon. (Southey, *Chronicle of the Cid*, ch. i, p. 16. Morley, 1883.)

67: p. 70. *Primavera*, No. 35. *Tratado*, I. 350. Translated by Gibson, *Cid*, p. 69. Ferdinand's son, the Archbishop of Toledo, born out of wedlock, is a person entirely unknown to history. He is the invention of a *juglare* of the 13th century, who tells of the equally unhistorical raid into France made by Ferdinand and the Cid, when the Count of Savoy being taken prisoner his daughter falls in love with the Spanish king. Then the Pope in the peace terms (according to the same authority) kindly undertook to provide for the future of the infant that was born to them, by making him an Archbishop.

68: p. 71. *Primavera*, No. 36. Translated by Gibson, *Cid*, p. 70. The *Moreria* was the quarter of the town inhabited, under treaty rights, by the Moslem traders and settlers, called *Mudéjares*; the Christians who lived in Moslem lands under similar circumstances being known as the *Mozárabes*.

69: p. 72. *Primavera*, No. 33. *Tratado*, I. 349. Translated by Gibson, *Cid*, p. 72, also Lockhart, No. 19, *The Excommunication of the Cid*. This is the ballad which Don Quixote had in mind when, answering the bachelor Carrasco (who had said that he, Don Quixote, stood excommunicated for having laid violent hands on the priests in the funeral procession), he, the Don, replied: '*En la memoria tengo lo que pasó al Cid Ruy Diaz quando quebró la silla del Embaxador de aquel Rey adelante de su Santidad el Papa, por lo qual lo descomulgó, y anduvo aquel dia el buen Rodrigo de Vivar como muy honrado y valiente caballero.*' *D.Q.* Part I, ch. xix (1. 164).

70: p. 74. *Primavera*, No. 42 a. *Tratado*, I. 352. Translated by Gibson, *Cid*, p. 106.

71: p. 75. *Primavera*, No. 37. *Tratado*, I. 350. Translated by Gibson, *Cid*, p. 98; also by Ticknor, *Literature*, I. 130.

72: p. 76. *Primavera*, No. 44. *Tratado*, I. 352. Translated by Gibson, *Cid*, p. 110. The well-known proverb (given before this ballad, p. 76) as to the tardy taking of Zamora was aptly quoted by Don Quixote to his Squire when in a hurry. The place outside Zamora where King Sancho II was murdered is still marked by a stone cross, which passing, all doff their hats. *D.Q.* Part II, ch. lxxi (IV. 318), and see the illustration in H. Butler Clarke, *The Cid Campeador*, p. 92. The Cid's curse on him who rides spurless has also passed to a proverb often quoted: '*Mal haya sea el caballero que sin espuelas cabalga*'—with reference to one who goes abroad without necessary equipment.

73: p. 78. *Primavera*, No. 47 a. *Tratado*, I. 352. Translated by Gibson, *Cid*, p. 120. Challenges were of two kinds: the ordinary *desafio* where the victor took the arms as spoil, but the vanquished did not lose his honour; and the *repto* (or *reto*), where the person or persons challenged were dishonoured for life, and their cause held infamous in case of defeat (for details see H. Butler Clarke, *The Cid Campeador*, p. 94). It will be remembered that Don Quixote lectured the army of the Braying Town at some length on this defiance of the men of Zamora by Don Diego Ordóñez. *D.Q.* Part II, ch. xxvii (III. 244).

74: p. 79. *Primavera*, No. 49, opening lines, followed by part of *romance* No. 53. *Tratado*, I. 353. Translated by Gibson, *Cid*, p. 130. Laín Calvo, from whom Arias Gonzalo was descended, had been one of the two Judges of the County in the early days of the Counts of Castile. The lists for the combat were set in the Campo de la Verdad outside Zamora, and the place is still so named. A pole (*vara*) was set up at a certain place, which the victor had to seize when claiming his victory; and it was ordained that the knight who should be driven, or carried by his horse, outside the enclosure of the lists, could not be accounted the victor.

75: p. 81. *Primavera*, No. 50 a. *Tratado*, I. 352. Translated by Gibson, *Cid*, p. 135.

76: p. 82. *Primavera*, No. 51. *Tratado*, I. 352. A ballad on the same subject is translated by Gibson, *Cid*, p. 144. The church of Santa Gadea, or Águeda (Agatha), which still exists in Burgos, had among its treasures the sacred lock or bolt (*cerrojo*). This ancient Gothic building is one of the three *Iglesias Juraderas* in Spain (the others are at León and Ávila), being the Churches of Purgation by Adjuration.

77: p. 83. *Primavera*, No. 54. *Tratado*, I. 353. Translated by Gibson, *Cid*, p. 142. In Lope de Vega's play it is the elder brother Don Sancho who is king, not Alfonso; see *Primavera*, II. 266, in *Apéndices* by Menéndez y Pelayo.

78: p. 84. Durán, No. 826, and Michaelis, No. cxiii, p. 195. Translated by Gibson, *Cid*, p. 156. The *Poema del Cid*, which gives this incident, leaves it to be inferred that, naturally, the Cid omitted ever to repay the Jews. A late ballad, however, has it otherwise (Durán, No. 842); for after the conquest of Valencia the Cid sends back the moneys '*a los honrados judíos*,' excusing himself in the matter of the fraud of the coffers full of sand on the plea of dire necessity, and adding in his message,

> *Que aunque cuidan que es arena — lo que en los cofres está,*
> *quedó soterado en ella — el oro de mi verdad.*

But this manifestly is the morality of the 17th century, not that of the 11th. The Sand Coffer of the Cid is still famous at Burgos, where it may be seen in the cloister of the Cathedral (see *Cid Campeador*, by H. Butler Clarke, p. 118).

79: p. 85. *Primavera*, No. 31. *Tratado*, i. 357. Cervantes quotes the first line of this ballad describing Don Quixote as he lay stretched 'in the Vale of Stakes' recovering from his swoon. *D.Q.* Part I, ch. xvii (i. 133).

80: p. 86. *Primavera*, No. 56. *El rey Búcar* of the ballads is Abú Bakr ibn Ibráhím, son-in-law of the Almoravid Sultan Yúsuf ibn Táshfín, who, falling ill in 1093, had sent him with an army to aid the Moslems of Valencia. Dozy, *Recherches*, ii. p. 156.

81: p. 86. *Primavera*, No. 55. *Tratado*, i. 360–366. Translated by Gibson, *Cid*, p. 252. Menéndez y Pelayo has much to say on this remarkable ballad, which he holds to be one of the few that are entirely primitive and original, not derived from, or a fragment of, an earlier *cantar de gesta*, and not having its source in either the *Poema del Cid* or the *Crónica General* of Alfonso X. It will be noted that the Cid's daughter is here called Urraca Hernando (for Hernández, this to suit the assonance), a name unknown to history, even as are Doña Sol and Doña Elvira of other ballads. Different versions of this ballad are current in Catalonia, also in southern Portugal (Algarbe), and again in the Portuguese version from the Island of Madeira (given in *Primavera*, iii. p. 243). This last version, which begins with lines that recall the famous Alhama ballad (Ballad 117), enables us to understand the obscure lines in our *romance* where King Búcar, on his mare, fleeing before the Cid mounted on Bavieca, the horse following the mare step by step, is made to exclaim:

¡Reventar debía la madre — que a su hijo no esperaba!

for in the Portuguese ballad King Búcar has previous to this remarked:

Não me temo de Ruy Cid — nem de sua gent' armada,
só temo lo seu Bavieca, — filho da minh' egua baia;
perdí-lo n'uma batalha — bem lhe sinto la patada.

(Not at all do I fear the Cid, nor even his armed men; only I fear Bavieca his horse, whose dam is my own bay mare: for him I lost in a battle, and now behind me I hear his footstep following!)

Zagaya in line 4 is what we now know as assegai, but which as early as the time of Chaucer appears to have been well known as a lancegay or launcegaye.

82: p. 88. *Primavera*, No. 129. *Tratado*, i. 363. Translated by Gibson, *Cid*, p. 361. The ballad was first published by Milá y Fontanals, who took it down from the oral tradition of Catalonia (*Observaciones sobre la poesía popular. Obras*, vol. vi. p. 110). Menéndez y Pelayo holds that the latter half of the ballad (beginning line 15: *me dirías, buena niña*), where the damsel fools the Moor with sweet words, is a modern addition to the more ancient first part. The Dirge is translated by Southey (*Chronicle of the Cid*, Book VI, ch. xvii), beginning with the verse:

'Valencia! Valencia! trouble is come upon thee, and thou art in the hour of death; and if peradventure thou shouldst escape, it will be a wonder to all that shall behold thee.'

The sixteen verses of the Castilian will be found in the excellent reprint of Ocampo's edition of the *Crónica General* recertly published by R. Menéndez Pidal; and of this the opening verse (*Primera Crónica General*, Madrid, 1906; 1. 576) is as follows:

Valencia, Valencia, vinieron sobre ti muchos quebrantos et estás en hora de morir; pues si tu ventura fuer que tú escapes desto, será grant maravilla a quienquier que te viere.

The original Arabic of the Dirge is lost: but a new Arabic translation, made (according to Dozy) at the end of the 14th century on the Castilian version, was published by P. J. Pidal. This is transliterated (in Latin letters), and it was found in a MS. of the Osuna library; it has been reprinted in the *Primera Crónica General*. See *Recherches*, II. p. 161, and Appendix xxiv, p. lxiv; and P. J. Pidal, *El Cancionero de Baena*, Madrid, 1851. Appendix III of *Prólogo*, p. lxxxiv.

83: p. 89. Durán, No. 852, and Michaelis, No. cxliv, p. 243. Translated by Gibson, *Cid*, p. 205.

84: p. 90. *Primavera*, No. 57. Translated by Gibson, *Cid*, p. 211.

85: p. 91. *Primavera*, No. 58. *Tratado*, 1. 359. As regards the *escaño tornido*, the Cid's ivory chair, this was famous, being part of the spoil won in Valencia, where it had belonged formerly to one of the Moslem kings: see Southey, *Chronicle of the Cid*, Book IX, ch. iv (Morley, p. 240). See also *D.Q.* Part II, ch. xxxiii (III. 295) where the Duchess refers to the Chair.

86: p. 91. *Primavera*, No. 59. *Tratado*, 1. 358. Translated by Gibson, *Cid*, p. 225.

87: p. 92. *Primavera*, No. 60. *Tratado*, 1. 358. History makes no mention of the marriage of the Cid's daughters with the Counts of Carrión, though these personages are historical; and Dozy suggests that the whole story is the invention of the Castilian ballad-singers whose object it was to throw discredit on the nobility of the rival kingdom of Leon. (Dozy, *Recherches*, vol. II. Appendix, p. lxxvi; and further J. Ormsby, *The Poem of the Cid*, 1879, pp. 16–22.) The Cid's daughters were not named Sol and Elvira, but Maria and Christina. Maria married Raymond Berenger II, Count of Barcelona, and left a daughter, but she died childless. Christina became the wife of Ramiro Ramírez, Infante of Navarre, and her son García IV was the father of Sancho IV of Navarre and of Blanca, who married Sancho III of Castile. Both these great-grandchildren of the Cid left descendants who occupied the thrones of Navarre and Castile respectively, whereby the royal houses of Spain, England, France, and the Hapsburgs (with innumerable insignificant private individuals) may claim descent from Ruy Díaz de Bivar Cid Campeador.

88: p. 93. Durán, No. 885, and Michaelis, No. CLXXX, p. 298. Translated by Lockhart, No. 18, *Bavieca.* No less famous than the Cid's horse Bavieca is Don Quixote's Rocinante, supposed to be his lineal descendant, according to the *Sonnet to Rocinante* prefixed by Cervantes to his immortal book. Further, there is the *Dialogue* between the two horses by the same hand, which all should read. Gibson, *Cid,* pp. 457 and 459, gives translations of these, and the texts will be found in *D.Q.* vol. I. pp. ccxx and ccxxii.

89: p. 96. *Primavera,* No. 61. *Tratado,* II. 86. This ballad of the Five Farthings is greatly praised by Longfellow in *Outremer* (chapter on 'Ancient Spanish Ballads,' p. 149, London, 1851), who gives a translation of six verses. The *Maravedi* was the name of a coin (whether of gold, silver, or copper) current throughout Spain from the time of the Almoravids, from whom it derived its name, down to the close of the 17th century. The best known *Maravedi* was of copper, the value varying with the times, and worth anything from a farthing to twopence. Don Diego of the ballad is the Conde de Haro; and La Glera (the Gravel-bed) was in the river Arlanzón, which runs past Burgos.

90: p. 98. Durán, No. 935. *Tratado,* II. 93. Translated by Lockhart, No. 20, *Garci-Pérez de Vargas.*

91: p. 100. Durán, No. 933. Translated by Lockhart, No. 21, *The Pounder.* The fame of this *romance* is chiefly due to Don Quixote. It will be remembered that in the Adventure of the Windmills his lance was shivered to pieces, and the good knight, much grieved at the loss of the same, consoled himself by saying to Sancho Panza, 'I remember having read how a Spanish knight, Diego Pérez de Vargas by name, having broken his sword, tore from an oak a ponderous bough or branch, and with it did such things that day, and pounded so many Moors, that he got the surname of Machuca, and he and his descendants from that day forth were called Vargas y Machuca.' The name Machuca is from the verb *machucar*—'to pound.' *D.Q.* Part I, ch. viii (I. 54).

92: p. 101. *Primavera,* No. 62. *Tratado,* II. 94–98, where the whole question of authorship is ably discussed by Menéndez y Pelayo. The mention of Apollonius in the last line of the ballad has reference to the

NOTES

Libro de Apolonio, an anonymous poem of the 13th century dealing with the matrimonial adventures of Apollonius of Tyre, chiefly known to us by the Shakespearian play of *Pericles*. See Albert H. Smyth, *Shakespeare's Pericles and 'Apollonius of Tyre*,' 1898, p. 39. Translated by Ticknor, *Literature*, III. 69, but from another text.

93: p. 104. Durán, No. 955. For the story of Guzmán the Good see M. J. Quintana, *Vidas de Españoles Célebres*, vol. I. p. 70. Madrid, 1807.

94: p. 106. *Primavera*, No. 64. In *Tratado*, II. 99 Menéndez y Pelayo gives the text of another early ballad, not found in the *Primavera*. For the history of the time see Mariana, Lib. xv, cap. xi (I. p. 445).

95: p. 109. *Primavera*, No. 67 a. *Tratado*, II. 137. From the earliest times Peter the Cruel has not lacked apologists. The victims of his cruelty were his near relations and the nobles whose power he sought to curb. The common folk seem to have regarded him as *el Monarca Justiciero*, whose hand was heavy on those who were also their oppressors; and this is the theme of Prosper Mérimée's well known *Histoire de Don Pèdre Premier, Roi de Castille*. Paris, 1848.

96: p. 110. *Primavera*, No. 65. *Tratado*, II. 124. Translated by Lockhart, No. 22, *The Murder of the Master*. Milá y Fontanals points out (*Poesía*, p. 305) that Coimbra in Portugal is a mistake. It was from Jumilla in Murcia, which he had captured, that Fadrique came to Seville to meet his death. Menéndez y Pelayo (*Tratado*, II. 115) quotes at length the *Crónica* of Pedro de Ayala; and further (in *Primavera*, III. p. 53, No. 14), under the title of *El Aguinaldo*, he gives a second ballad on this subject, very weird and pathetic, where the mastiff, taking his dead master's head, digs with his paws in the ground and buries it, howling dismally the while.

97: p. 112. *Primavera*, No. 68. *Tratado*, II. 131. Translated by Lockhart, No. 23, *The Death of Queen Blanche*. The Queen was buried in the monastery of San Francisco de Xerez de la Frontera; and during the reign of Ferdinand and Isabella—after the lapse of a century and a half—a tombstone was set up, with an inscription that concluded with the words: *Moribus et corpore venustissima fuit, sed praevalente pellice occubuit jussu Petri mariti crudelis, anno salutis MCCCLXI, aetatis vero suae XXV*. The *pellex* was of course Maria de Padilla, here, as in the ballads, unjustly accused, and it is curious to note that the Catholic Sovereigns—who traced their descent from Henry of Trastamara the illegitimate brother—blamed Peter and gave him the title of 'the Cruel.'

98: p. 113. *Primavera*, No. 69 a. *Tratado*, II. 112. Menéndez y Pelayo writes of this romance as '*sumamente popular*,' and says that it is the oldest of the Don Pedro ballads. There was a Priory of the Order of

St John at Consuegra, lying ten leagues south-east of Toledo, which had been founded in 1183. See Madoz, *Dicc. Geogr.* VI. 569.

99: p. 115. Durán, No. 978. Translated by Lockhart, No. 24, *The Death of Don Pedro*; also by P. Mérimée (*Don Pèdre*, p. 584) in prose, *Romance de la mort de Don Pèdre*. Sancho Panza, on the sole occasion when he mutinied against his master, quotes the famous line, 'I neither put down King, nor set up King,' in justification of his unusual proceedings. *D.Q.* Part II, ch. lx (IV. 226).

100: p. 115. Durán, No. 979. *Tratado*, II. 147. Translated by Lockhart, No. 25, *The Proclamation of King Henry*. Menéndez y Pelayo notes this as a '*brillantísimo romance*,' one of the finest of its class, a model of sonorous versification, worthy in fact of Góngora in his best days.

101: p. 118. Durán, No. 981. *Tratado*, II. 165. Translated by Lockhart, No. 26, *The Lord of Butrago*. From its opening line, '*Si el caballo vos ban muerto*,' the ballad gave its name to a play by Vélez de Guevara (1570–1643); which in error Durán attributes to Lope de Vega. In a critical note on this ballad Menéndez y Pelayo makes it clear that Durán is mistaken in considering it to be '*muy antiguo*,' and though it became very popular in later times, it is neither old by origin, nor of the people. It appears to have been composed for the glorification of the families of the Mendozas of Guadalajara by a poet of that city, Hurtado de Velarde, who lived at the close of the 16th century. Froissart, a contemporary, in his *Chronicle* devotes many pages (Book III, chapters 33 to 36 and 45 of the translation by Lord Berners) to a description of the battle of Aljubarrota (or *Juberot*, as he names it), and nowhere makes mention of the Butrago incident. He does however say, in reference to the flight of the Castilian monarch from the field of battle, that he "*changa de cheval, car il monta sur ung coursier frès et nouveau que l'on lui ot appareillié*.' See *Chroniques* edited by Kervyn de Lettenhove, XI. 183. Brussels, 1870.

102: p. 121. *Primavera*, II. p. 104. *Tratado*, II. 163. For the history see Quintana: *Vidas de españoles célebres*, III. p. 107; and Mariana, Lib. XXI, cap. ii (II. p. 91). The text is given by F. Asenjo Barbieri, *Cancionero Musical*, p. 163, No. 321, and the music on page 491.

103: p. 122. *Primavera*, No. 101 a. *Tratado*, II. 278. Translated by Lockhart, No. 27, *The King of Aragon*.

104: p. 126. *Primavera*, II. p. 196. *Poesía*, p. 312. *Tratado*, II. 169–174. Audalla Mir (often misprinted Andalla) is of course Amír Abd-Allah— Muhammad V presumably. A full discussion of the Pero Gil question is given by Menéndez Pidal, *L'Épopée*, p. 170; and *El Romancero*, p. 34. Some authorities would date this ballad later, namely referring to events of the year 1407, when Baeza was again besieged by the Moslems (see the next ballad), but in that case Pero Gil cannot stand for Pedro the Cruel, who had been killed in 1368. In *Tratado*, II. p. 169, after line 3, Menéndez y Pelayo adds the line:

> *El rey moro Mohamed — mandó tocar su añafil,*

but this is wanting in the 1588 edition of Argote de Molina's *Nobleza de Andalucía* (folio 237, of *Parte Segunda*, cap. 116), where the ballad is first printed.

105: p. 126. *Primavera*, No. 71. *Tratado*, II. 174. Translated by Bowring, p. 153. This is held to be the next oldest of the *Romances Fronterizos* to that previously given, but it is pointed out that there is an anachronism in the mention of the name Venegas, seeing that this patronymic was unknown among the Moors until the time of the famous renegade (*tornadizo*) Pedro Venegas, son of Don Egas (*Ibn Egas*), the lord of Luque, who was kidnapped as a child by the Moslems, and who served the Christians in the forays of the reign of Juan II in 1431. It will be noticed that, in this ballad, lines 5 and 6 are reminiscent of the line:

> *Y aquel perro de aquel Cid — prenderélo por la barba,*

in Ballad 81 (see p. 87, line 7) on the Moor who lost Valencia.

106: p. 127. *Primavera*, No. 72, first eight lines. *Tratado*, II. 177. Translated by Lockhart in the first three stanzas of No. 28, *The Vow of Reduan*. The ballad is first given by Hita in his *Guerras Civiles de Granada*, Part I, ch. xiii (I. p. 165), and there (followed by *Primavera*) is wrongfully set as the opening lines of the ballad describing Boabdil's expedition against Lucena (see Ballad 121), which took place three quarters of a century after the death of this Reduán. The mistake was probably due to Hita having confused this personage with his namesake Reduán Venegas, the famous partisan of Boabdil's uncle and enemy Muhammad Zaghal.

107: p. 128. *Primavera*, No. 74. *Poesía*, p. 313. *Tratado*, II. 179–182. The Boca del Asna (the She-ass's Mouth) is a pass in the hills on the Archidona road.

108: p. 129. *Primavera*, No. 75. *Tratado*, II. 182. Alcalá la Real, a strong fortress, the outpost of the Christians at that time, lies about a day's journey to the north-west of Granada.

109: p. 130. *Primavera*, No. 76. *Tratado*, II. 183. Translated by Gibson, *Cid*, p. 335. It may be remarked that though Narcisa has a classical ring, which would seem out of place in a Moorish ballad, the flower was well known to the Arabs, who called it *Nirjis* (borrowed from the Persian *Nargis*), and thus as a proper name might well have been given to a Moorish damsel.

110: p. 131. *Tratado*, ii. 184–186; and see especially J. Fitzmaurice-Kelly, *Chapters on Spanish Literature*, pp. 70 and 80. The questions and answers in the vulgar Arabic dialect of the day present some slight difficulty. In the first query an *m* appears to have dropped out, and we may perhaps read, *A la-slami?* 'But art thou (fem.) well?' She answers, *Islam* or *Salam*, 'Be thou (masc.) well.' *Alcarrán* is said to mean an Archer or Man-at-arms: on the other hand L. Eguílaz y Yanguas (*Glosario de las palabras españolas de origen oriental*, p. 133) holds it to be a term of abuse, from the Arabic *al-qarrán*, 'horned,' as who should say 'Cuckold!' *Anizarán* presumably is for *Nasráni*, 'O Christian.'

111: p. 133. From *El Romancero español*, pp. 37–40. This ballad was discovered by R. Menéndez Pidal on a black-letter broadside of the 16th century. The first half of the ballad, down to line 24, is given, in a different version, in *Primavera*, No. 77.

112: p. 135. *Primavera*, No. 78 *a* [the additional lines in brackets are added from another version of this romance, *Primavera*, No. 78, Note 3]. *Poesía*, p. 314. *Tratado*, ii. 186–192: and Pidal, *Romancero Español*, pp. 41–45. Translated by Gibson, *Cid*, p. 339. Chateaubriand also has given an excellent French version of the ballad in his *Dernier Abencérage* (*Oeuvres Complètes*, iii. 127). Abenámar's name is more than once mentioned in the contemporary chronicles. In that of Hernando de Baeza we read how, at a somewhat later date than the Higueruela victory, a Moorish embassy was sent to the Castilian court: '*entre los cuales vino un gran caballero que decían Abenámar, aquel a quien dice el Romance que preguntó el rey don Juan, "¿que castillos son aquellos?"*' See M. J. Müller, *Die letzten Zeiten von Granada*, p. 60. München, 1863. R. Menéndez Pidal points out (*Épopée Castillane*, p. 175) that the architect being put to death to prevent his building a like palace for the King of Andalusia—at that time St Ferdinand III, who had recently taken Seville—is a reminiscence of the well-known Arab legend of King Nu'mán of Hírah, who flourished in the fifth century A.D. The Byzantine architect Sinimmár built the great palace of Khawarnak for him on the western bank of the Euphrates (the site lies near the present town of Najaf), and Sinimmár was hurled from its battlements, the reason for the same being variously given (see *A literary History of the Arabs* by R. A. Nicholson, p. 40). The Palace of the Alixares, no vestiges of which above ground now appear to exist, is frequently mentioned by the older Spanish writers. The name must stand for the Arabic *Al-hijarát*, meaning 'the Cells' or 'Barracks': or possibly it may be merely *Al-hijárah*, 'the Stones,' from the neighbouring great quarry. This palace or castle appears to have stood on the Hill of the Sun (*Cierro del Sol*) above the Generalife, at a spot where the remains of large water-cisterns are to be seen, and here bits of marble or mosaic work are often met with. See R. Contreras: *Monumentos Árabes de Granada, Sevilla, y Córdova*, pp. 327–330.

113: p. 136. *Primavera*, No. 79. *Poesía*, p. 314, and *Tratado*, II. 194, where Juan de Mena's verses are quoted.

114: p. 137. *Primavera*, No. 81. *Poesía*, p. 315. *Tratado*, II. 199. Menéndez y Pelayo is of opinion that the writer of this ballad was present at the battle, or had his information at first hand, so accurate are all the topographical details. A picturesque account of the fight is given by Hita in his *Guerras Civiles* (Part I, chapters 1 and 2). The name *Alporchón* in the dialect of Murcia is given to the house or locality where takes place the selling by public auction of the water-rights for irrigation purposes, the assessment being made periodically, under judicial supervision. Pulpé (or Pulpí) lies a short distance to the north of Vera; and the Rambla del Evor is the river to the south of Lorca. The fortress of Aledo had been an outpost of the Christians ever since it was taken and strongly garrisoned by Alfonso VI in the days of the Cid.

115: p. 139. *Primavera*, No. 83. *Tratado*, II. 201. And see Dozy, *Spanish Islam* (tr. by F. G. Stokes), p. 678, note.

116: p. 140. *Primavera*, No. 82. *Tratado*, II. 204–209.

117: p. 141. *Primavera*, No. 85 a. *Poesía*, p. 316. *Tratado*, II. 209.

> The Moorish king rides up and down
> Through Granada's royal town;
> From Elvira's gate to those
> Of Bibarambla on he goes.
> Woe is me, Alhama!

This is Byron's well-known rendering. Further the ballad has been translated by his contemporary M. G. (commonly known as 'Monk') Lewis (see his *Life and Correspondence*, II. 341, London, 1849), by Gibson, *Cid*, p. 340, also by Bowring, p. 147. In regard to the famous *estribillo*, or refrain, it is to be noted that this is not found in the Antwerp *editio princeps* (called *Sin Año*) of the *Cancionero de Romances* (printed prior to 1550: see the *facsimile* edited by R. Menéndez Pidal, Madrid, 1914, leaf 183 verso). Further, Ochoa in his *Tesoro de los Romanceros* (Paris, 1838, p. 369) asserts that Byron has mistranslated the refrain, for '*poniendo una coma entre "mi" y "Alhama," hace pronombre personal al posesivo "mi," haciendo además vocativo a "Alhama."*' In other words it should be, 'Alas! for my Alhama,' as Gibson gives it in his rendering of the ballad. It is, in short, a question of the position of a comma. Now it would seem that the refrain appears for the first time in Pérez de Hita's *Guerras Civiles de Granada*, published in 1595; and in the Madrid reprint of this edition (I. p. 252) the *estribillo* is given as *Ay de mí,*

Alhama!, which leaves Byron right, and Ochoa (followed by Gibson) wrong. The story of the Abencerrages (*Ibn-Sarrāj*, 'Son of the saddler') need not be told again; their chiefs had been massacred by the Old King Abú-l-Hasan, and their kinsmen banished; upon which their enemies the Zegrís (Men of the *Thughr*, pronounced *Cegr*, namely the northern Frontier-lands) now living in Christian Cordova, were taken into favour and raised to power. In the *Guerras Civiles de Granada*, Part I, ch. xiii (1. 174), Boabdil is incorrectly represented as the author of the tragedy. Hita there relates that thirty-six of the Abencerrage chiefs had been decapitated *en una taza de alabastro muy grande*, as one by one they entered the Court of Lions in the Alhambra; for the Zegrís (according to him) had traitorously accused an Abencerrage of misconduct in the gardens of the Generalife with Boabdil's Queen. But undoubtedly this is a mistake, and it was the Old King who ordered the massacre, when Boabdil was a boy. Pérez de Hita adds, Part I, ch. xvi (1. 254), that this ballad is a version of one in the Arabic language which was sung in the streets of Granada after the fall of Alhama. So sad and dolorous, however, was the effect on the people—making all weep and moan—that the king forbade its singing. There may indeed have been an Arabic original, now unfortunately unrecoverable, but this must have been different in many details. The Moslems would hardly have sung that '*sangriente Marte llama,*' and other verses bear out its purely Christian origin, in the form that has come down to us. The Elvira gate (leading to the road along the Sierra de Elvira lying to the north-west of Granada) has been pulled down; but the site still bears the name. From here the Calle de Elvira now leads to the main square, from which the Calle de Gomeles goes up east to the Alhambra, while the Zacatín (the Street of the Old-clothes Market, Arabic *Sakkatín*) leads south to the Bibarrambla, the square called after the former Gate of the Sandy Plain (Báb-ar-Ramlah), where the jousts were held. *Alfaqui* is the equivalent of what is generally known to us as a Mullá.

118: p. 142. *Primavera*, No. 84. *Poesía*, p. 316. *Tratado*, II. 212. Translated by Bowring, p. 146.

119: p. 143. *Primavera*, No. 87. *Tratado*, II. 216; and cf. *Guerras Civiles de Granada*, Part I, ch. xi (1. 124). The popular ballad referred to is No. 1058 of Durán.

120: p. 144. *Primavera*, 88 a. *Poesía*, p. 318.

121: p. 146. *Primavera*, No. 72, beginning with line 9. *Poesía*, p. 312. *Tratado*, II. 213. Translated by Lockhart in No. 28, *The Vow of Reduan*, beginning with the fourth stanza. As already stated (p. 199) Pérez de Hita printed this ballad in his *Guerras Civiles* (1. 165), making it part of the Reduán fragment (Ballad 106), and Milá y Fontanals was

the first to point out the mistake. We have substituted [Lucena] for
Jaén in the penultimate line. Jaén is a city standing 50 miles north of
Granada; so this must be an error, due to a reminiscence of the Reduán
fragment already given relating to the year 1407, and impossible in
connection with the Lucena expedition of 1468. For Ayxa la Horra,
Boabdil's famous mother, see Müller, *Die letzten Zeiten von Granada,*
Arabic text, p. 6, and the German translation, p. 111: where too
Zoraya is mentioned, called La Romía in Hernando de Baeza's *Chronicle,*
p. 65 of the same work. The Moslems spoke of the Spanish Christians
as the *Rúmi*—Men of Roman faith; thus King Ferdinand is generally
referred to as *Malik-ar-Rúm,* 'the Roman king'—and *Rúmiyyah* was
their common name for any Christian woman. The *Marlota* of line 4
is a Moorish cloak or coat: and *Aljuba* (Arabic *al-Jubbah,* from which
came the French *jupe, jupon*) is a short jacket or jerkin. *Borcegui* (two
lines further on) is the buskin or sandal which is so frequently named in
the ballads as the Moorish footgear.

122: p. 147. *Primavera,* No. 92 a. *Poesía,* p. 319.

123: p. 148. *Primavera,* No. 134. *Tratado,* II. 222–226. Translated
by Gibson, *Cid,* p. 381. The story became popular, and Cervantes knew
of it, for in the famous Adventure of the Lions he thus apostrophises
the Knight of the Rueful Countenance: '*¡animoso Don Quixote de la
Mancha, espejo donde se pueden mirar todos los valientes del mundo,
segundo y nuevo Don Manuel de León, que fué gloria y honra de los Españoles
caballeros!*' *D.Q.* Part II, ch. xvii (III. 142). As regards the incident
at the French court, three poets of the nineteenth century have made
the name of De Lorge famous. First Schiller in his ballad *Der Hand-
schuh* (given in *Gedichte der dritten Periode*) of which the first verse runs:

> *Vor seinem Löwengarten
> Das Kampfspiel zu erwarten,
> Sass König Franz.*

Next Leigh Hunt wrote *The Glove and the Lions,* beginning:

> King Francis was a hearty king, and loved a royal sport,
> And one day as his lions fought, sat looking on the court.

And finally Browning has given us *The Glove* (in the *Dramatic Romances*)
with the opening line:

> Heigho! yawned one day King Francis,

in which he justifies the lady, who happily marries another (one who
understands her point of view), while De Lorge has to console himself
with the king's cast-off mistress, and ends his life as a hen-pecked
husband. Schiller's authority for the story is Saintfoix, *Éssais histo-
riques de Paris* (Paris, 1776, vol. I. p. 226), who mentions the anecdote

about De Lorge when describing the Rue des Lions, près Saint-Paul. Brantôme, who was born during the reign of Francis I, in his *Vies des Dames Galantes* (*Discours* VI), seems to be the original authority for this feat of '*feu M. de Lorge*,' but he does not name the lady. Brantôme, *Oeuvres*, VII. p. 460. Paris, 1822.

124: p. 150. *Primavera*, No. 93. *Tratado*, II. 226–235. Translated by Gibson, *Cid*, p. 347. It will be noted that in this *romance* full rhyme takes the place of assonance, a sign that the ballad is neither old nor of popular origin. Further it contains many anachronisms. As Menéndez y Pelayo writes, the Garcilaso de la Vega here mentioned is put in mistake for a namesake killed in 1455 at the siege of Baza. Further, he was not the hero of the famous fight with the Moor who had insultingly tied a scroll with the Ave-Maria written on it to the tail of his horse, for that incident took place a century and a half before his time, an ancestor being the person concerned.

125: p. 152. *Primavera*, No. 95 a. *Poesía*, p. 319. *Tratado*, II. 236–241. Translated by Lockhart, No 30, *The Death of Don Alonso de Aguilar*.

126: p. 153. *Primavera*, No. 96 b. *Poesía*, p. 320. Translated by Bishop Percy in his *Reliques of Ancient English Poetry*, beginning

> Gentle river, gentle river,
> Lo, thy streams are stained with gore.

(Edition of the *Lansdowne Poets*, p. 154.)

127: p. 155. *Primavera*, II. p. 203. *Tratado*, II. 263–269, where Menéndez y Pelayo quotes the following curious account, which he thinks may be relied on as substantially true; though, as he puts it regarding Bishop Guevara, '*no goza de mucho crédito en cuanto a fidelidad histórica el agudo, mordaz, e ingeniosísimo Fray Antonio de Guevara.*' In matters, however, of which he was witness Guevara's testimony is perhaps worthy of credence. He was bishop of Mondoñedo and Imperial Chronicler to Charles V, a prolific author, and wrote *Epístolas Familiares*, in three parts, which were done into English by Edward Hellowes, Groom of the Leash, published in 1584. In 1526 the Bishop was sent by Charles V to report on the condition of the *cristianos nuevos* of Granada, and in the sixth letter of the second part of his work (page 544 of the Madrid edition, small 4to, 1595) he gives the following account of a conversation which he had with an old Moor, at the Suspiro del Moro pass, who told the Bishop that he (the Moor) had witnessed the going forth of the Rey Chico in January 1492. (Unfortunately Hellowes has omitted this letter in his translation of the *Familiar Epistles*.)

(Extract from) a letter to Garci Sánchez de la Vega, in which the writer [Bishop Guevara] tells of a very notable event that was related to him by a morisco of Granada.

"Now when I had ended the baptising of twenty and seven thousand houses of Moors in the kingdom of Valencia, the Emperor, my master, sent me on to visit the kingdom of Granada for the like intent, a labour indeed most necessary, but to me very wearisome....Coming therefore to the point, you have, Sir, to know that during the whole of this my visitation I carried with me ten cross-bowmen, as much for my guard as indeed to act as my guides in the country. And when I had come up the pass [of the Ultimo Suspiro del Moro] from the summit of which you lose sight of Granada, while before you [south] opens out the Val de Ieclín [Lecrín], an aged Moor who went with me, talking in his dialect, spoke to me saying these words: 'If thou wilt halt here awhile, Alfaquí (Bishop), verily I will tell thee a matter of sufficient note, namely what the Rey Chiquito (Boabdil) and his mother did here.' Now when I understood that he would recount to me what had befallen the Rey Chiquito and his mother at this place, I wished to hear it, and he began to relate the same after this fashion: 'Thou must know that this our kingdom of Granada began to come to ruin from the time of the discords which broke out between the (Old) King Muliabdeacen (Muley Abú-l-Hasan) and the Abencerrages, who were very valiant cavaliers and warlike, being most prudent counsellors in the government of the kingdom, and very adventurous in its defence. Now these discords arose between them and the (Old) King in the matter of the love intrigues of a certain very beautiful Moorish woman, and these were such and so malignant that in the result the King and the Abencerrages, the one and the other, were brought to their ruin, and the kingdom also perished. And, Alfaquí, thou must believe me that without doubt if the king Don Fernando was able to conquer this kingdom in so short a time and with so slight loss of men, this was more by reason of the internecine discords within the same, than by force of arms which he brought against the city. On the day after the capitulation the city and the Alhambra were delivered over to King Ferdinand, and thereupon the Rey Chiquito took his departure for certain lands in the Alpujarras, which it was set down in the capitulation that he should possess and enjoy. There went in company with the Rey Chiquito that day his mother the Queen, preceding him, and following him all the cavaliers of his court, and when they had come to this same place where now thou and I stand on our feet, the king turned back his face to look at the city and the Alhambra, as it might be on what he would never again see, and certainly would never repossess. Realising this, the sad king, and all of us who there went with him, recalling the misfortunes which had befallen us and remembering the fame of the kingdom that we had lost, one and all we began to weep, plucking out our beards and imploring mercy of Allah, calling on death to rid us of our lives. When now the king's mother, who was riding on in front, was told how the king and the cavaliers had all stopped and were weeping looking back over the city and the Alhambra, which both were now lost to them, she went on quickly, giving the mare she rode the stick, but cried these words, saying, "It is just, in truth, that the king and his cavaliers now should weep like women, seeing that formerly they did not fight like men." And many a time did I hear the Rey Chiquito, my master, say that had he known then, what he heard afterwards, of what his mother had spoken in regard to him and the other cavaliers, either he and they would all have fallen upon one another in that place each killing his fellow, or they would have gone back to Granada and fought the Christians to the death.' This, therefore, was what that Morisco said to me, and on a later day the Emperor my master enquired of me as to the occurrences of my mission, and among other matters I related to his majesty this which I have here told you: on which he said these words to me: 'Much reason had the king's mother in saying what she said, and little reason had the king her son in doing what he did; for if I had been he—he being me—rather would I have made my grave in the Alhambra, than have lived on without a kingdom in the Alpujarras.'"

Menéndez y Pelayo (*Tratado*, II. 265) also gives a quotation from Luis del Marmol's *Historia de los Moriscos de Granada*, on the same subject. Boabdil did not sojourn for long in Purchena. His was an untenable position, and in a short time he crossed over to Morocco to his relation the Sultan of Fez. The date of his death was unknown until in 1875 M. C. Brosselard discovered in the ruined Mosque of the Bani Ziyán at Tlemçin (western Algeria) the tombstone inscribed with the name and titles of Boabdil, and giving the date of his death in the month Sha'bán, A.H. 899 (May, 1494), when presumably he must have been approximately in his fortieth year. See the *Journal Asiatique* for 1876 (*Septième série, tome* VII. Paris), p. 173.

128: p. 159. Quoted in *Tratado* II. 499, from the *Cancionero Musical de los siglos XV y XVI*, of Francisco Asenjo Barbieri, p. 62, and the music on p. 255. This is a *Trova* or Lay composed by Diego Fernández on a very charming *Villancico* (carol), which is given by Professor J. Fitzmaurice-Kelly in *The Oxford Book of Spanish Verse*, p. 74, No. 52.

129: p. 160. *Primavera*, III. 176.

130: p. 161. *Primavera*, No. 131. *Tratado*, II. 500. Translated by Gibson, *Cid*, p. 377, and by Bowring, p. 132. A Christian captive among the Moors tells of his escape, through the compassion of his master's wife. It is worth noting that in line 12 of the Madrid reprint of the *Primavera* '*alma*' should be read '*ama*,' as given in the first (Berlin) edition. Any who have lived in Morocco will appreciate the kindness of the lady in disembarrassing the captive's head.

131: p. 161. *Primavera*, No. 132. *Tratado*, II. 215, 219 and 498. Translated by Bowring, p. 40, and by Ticknor, *Literature*, I. 110. The speaker is the Moorish maiden, Moraima, who relates how she was beguiled by a Spaniard who passed himself off as a Moor, the brother of her mother. There was a celebrated Moraima, daughter of Aliatar, governor of Loxa, and the favourite wife of Boabdil, but she cannot well be identified with the heroine of this ballad. Milá y Fontanals (*Poesía*, p. xliii, note 17) thought that this was one of the very few *romances* possibly of Arab origin; another showing traces of coming from a Moorish original being, according to his judgment, the ballad of Abenámar (Ballad 112).

132: p. 162. *Primavera*, No. 130. *Tratado*, II. 517. In Moslem lands a certain Moorish king's wife (originally a Christian captive) begs her husband, who is setting out to raid over the border, to bring her home a Christian slave-girl. In the Christian country Count Flores prays that his wife may bear him a child. She is carried off by the Moslem raiders (aforesaid) and given to the Moorish queen as a slave. She finds favour in her sight, and on one and the same day a son is born to her and a daughter to the queen. The children are exchanged by the midwives. The Christian slave-woman discovers that the Moorish queen is her sister; and ultimately the two make their escape back over the border to Christendom. The story is an old one and is derived from a Byzantine novel, commonly known as *Flores and Blanca Flor*. See further *Floire et Blancheflor: Poème du XIIIe siècle*, by E. du Méril (Paris, 1865), who in his introduction discusses the origin of the story.

133: p. 163. *Primavera*, III. 57 and Note, p. 58. *Tratado*, II. 516. Don Bóyso rides across the border to get him a wife. He meets one, who at first sight appeared to be a Moorish woman, but proves to be a Christian, a captive, and with her he rides home. She recognises the countryside and is in fact Don Bóyso's sister. Her mother receives her back, and she finds the remains of her wardrobe, which unfortunately has not been well cared for during her absence. Don Bóyso rides off again to get himself a wife. This ballad is written in the short metre, six syllables in each hemistich, in place of the usual eight-syllabled half-line. The original Don Bóyso was a legendary Frenchman, whom Bernardo del Carpio slew (even as Roland was slain) at Roncesvalles. His name occurs in many old *Cantares*; and a real person did exist of this name in the reign of Alfonso the Emperor and Sancho III of Castile

(1126–1158), who founded the Bóyso monastery of Ureña, a district near Ciudad Rodrigo in the province of Salamanca.

134: p. 164. *Primavera*, No. 152. *Tratado*, II. 493. The ballad of Espinelo, who received his name from the thorn-tree (*espino*) near which he was washed ashore by the sea when sent voyaging as a child in a small ark, recalls in this and other incidents the Romances of Chivalry, such as *Amadis de Gaul* and *Palmerín de Oliva*. The superstition that to bear twins was a dishonour is a curious point of folk-lore, presumably the occurrence being regarded as a monstrous birth, or as implying faithlessness on the part of the wife. Menéndez y Pelayo praises this ballad as a '*bello romance*' written '*de una manera verdaderamente poética*,' and notes that many lines recall the ballad of Abenámar (Ballad 112).

135: p. 165. *Primavera*, No. 133. *Tratado*, II. 494. Translated by Gibson, *Cid*, p. 379. Don García in this ballad saves his castle from being taken by the Moors, making use of a bold stratagem. In the ballad which follows, his wife, at some later date, has been carried off by the Moslem raiders: he seeks news of her, first with his mother, next with his mother-in-law, and lastly he crosses the Moorish border and there finds her. Urueña is a town of Old Castile, lying seven leagues from Valladolid.

136: p. 166. *Primavera*, III. 76: and see Note, p. 79.

137: p. 167. *Primavera*, No. 118. *Tratado*, II. 499. The Infanta, standing on the bank of the Guadalquivir, is combing her hair, and sees an armed barge coming up stream with the Admiral of Castile on board. He tells her of his mission.

138: p. 168. *Primavera*, No. 86. *Poesía*, p. 317. Translated by Gibson, *Cid*, p. 343. This ballad is characterised by Milá y Fontanals as an "*anécdota piadosa*."

139, 140, 141: pp. 168 to 170. *Primavera*, Nos. 121, 122 and 123. *Tratado*, II. 387. The first of these ballads has been translated by Gibson, *Cid*, p. 374. It will be noted that Galván (like Don Quixote) quotes the opening lines of Ballad 6 *La Constancia*, in his speech to Moriana. The Moor Galván has only his name in common with Galván the stepfather of Don Gaiferos (see Ballad 50). Moriana, taken captive from the Christians, plays at chequers with the Moor Galván in his castle. She angers him, is condemned to death, but is rescued by her husband, who arrives in the nick of time, and he takes her home to the Christian lands. Galván follows and, trying to get speech again with her in her husband's castle, is by him promptly slain.

142: p. 171. *Primavera*, No. 163. *Tratado*, II. 535–540. Translated by Bowring, p. 51, and by Lockhart, No. 53, *Count Alarcos and the Infanta Solisa*. This ballad may serve as a specimen of the longer *romances* which otherwise, for want of space, have had to be excluded from the present collection. It recalls those of the Carlovingian cycle (already mentioned in the Note to Ballad 53, p. 188), but is not of them, and the incident is not historical. It enjoys, however, a European reputation since Friedrich von Schlegel's play of *Alarcos: ein Trauerspiel* was represented at Weimar in 1802 under the auspices of Goethe. The story is of the times when the honour of the King was held to be all important. The Princess, the King's daughter, has fallen in love with the Count, and insists that her father shall call on the Count to put his wife to death, that she (the Princess) may take her place. Then what follows all comes to pass as a matter of course. For pathos the leave-taking of her children by the Countess is perhaps not to be surpassed. Poetic justice is satisfied by the Princess being 'cited' by her victim to appear within a certain term before the tribunal of Heaven, which recalls the *romance* of King Ferdinand El Emplazado, already given (Ballad 94). Longfellow, discussing 'Ancient Spanish Ballads' in *Outre-mer* (p. 163, London, 1851), writes: 'The Ballad of the Conde Alarcos, in simplicity and pathos, has no peer in all English balladry—it is superior to *Edom o' Gordon*.' The Spanish ballad dates from the end of the 16th century and is probably the work of Pedro de Riaño. Lope de Vega took it as the subject of one of his plays, *La fuerza lastimosa*, and some later playwrights of his countrymen have followed in his footsteps.

INDEX OF FIRST LINES

14*

GENERAL INDEX

For EU product safety concerns, contact us at Calle de José Abascal, 56–1°,
28003 Madrid, Spain or eugpsr@cambridge.org.

www.ingramcontent.com/pod-product-compliance
Ingram Content Group UK Ltd.
Pitfield, Milton Keynes, MK11 3LW, UK
UKHW012331130625
459647UK00009B/207